特级教师研究书系
TEJI JIAOSHI
YANJIU SHUXI

崔　琪：
CUI QI:
YONG YUWEN CHUILIAN XUESHENG DE
SIWEI PINZHI

用语文锤炼学生的思维品质

黄华　王永红／著

教育科学出版社
·北京·

丛 书 序

　　"特级教师"是国家为表彰特别优秀的中小学教师（含幼儿教师和中职教师）而设立的一种荣誉称号。在 20 世纪 50 年代中期，特级教师制度有了雏形。1956 年，为解决中小学教师工资待遇低的问题，北京市进行了教育事业工资改革，评选出了一批中小学特级教师，提请当时的中央人民政府政务院审查批准，并在工资待遇方面给予这些特级教师以特别提升，截至 1966 年，北京市共评出了特级教师 40 余名。之后，评审活动由于"文化大革命"而停止。① "文化大革命"结束后，在 1978 年 4 月召开的全国教育工作会议上，邓小平同志指示："要研究教师首先是中小学教师的工资制度。要采取适当的措施，鼓励人们终身从事教育事业。特别优秀的教师，可以定为特级教师。"② 同年 10 月，教育部和原国家计委联合颁布了《关于评选特级教师的暂行规定》（以下简称《暂行规定》）。颁布《暂行规定》，是为了提高教师的政治地位和社会地位，增强教师的光荣感、责任感，使他们能长期坚守教育工作岗位，我国从此正式建立了特级教师评选制度。1993 年 1 月 10 日，原国家教委对《暂行规定》进行了修订，颁布了《特级教师评选规定》（［教人［1993］38 号］，以下简称《规定》）。在《规定》的第二条指出："'特级教师'是国家为了表彰特别优秀的中小学教师而特设的一种既具先进性、又有专业性的称号。特级教师应是师德的表率、育人的模范、教学的专家。"由此，我国的特级教师制度日趋完善。

---

　　① 《中国教育事典》编委会 . 中国教育事典：初等教育卷 ［M］. 石家庄：河北教育出版社，1994：268.
　　② 邓小平 . 在全国教育工作会议上的讲话 ［M］// 邓小平 . 邓小平文选：第二卷 . 第 2 版 . 北京：人民出版社，1994：109.

1

透过我国特级教师评选制度建立的历史沿革，我们可以看到，特级教师评选制度从最初为解决中小学教师待遇问题而仅限于北京市的"一种非制度性的评选活动"①，到作为一种全国性规范制度的正式建立、完善和进一步发展，至今已有50多年的历史。1978年改革开放以来，我国的政治、经济、文化、教育特别是师资水平都发生了巨大的变化，相应地，特级教师评选制度也得到了逐步的发展和完善。特级教师评选制度在全国各省市、自治区的实践表明：特级教师制度对调动教师积极性，提高教师社会地位，改善教师的待遇确实起到了积极作用；也让中小学教师中一批特别优秀的教师脱颖而出，成为进行教育教学改革实践、提高教育教学质量的领军人物。因此，"特级教师"往往被我国中小学教师视为其职业生涯的最高荣誉，也成为广大中小学教师所向往和追求的目标。

随着特级教师评选制度的建立与实施，特级教师研究已成为教育研究的一个新领域。30多年来，很多专家、学者以及特级教师本人都在积极探索特级教师成长的规律，总结特级教师的教育教学思想，对特级教师经验开展个案研究，探讨特级教师标准与特级教师评选制度等。这些研究对特级教师的经验作了许多概括，取得了显著的成效，也提出了不少具有实用价值的建议。但同时我们也看到，由于特级教师研究起步晚、关注度相对不高，其研究成果的水平和质量与人们的期待还有较大的差距。总体来说，特级教师研究还存在研究内容单一、研究方法简单、研究水平有限、研究视野较窄等问题，在研究的许多方面都有待深入探讨。

为了更好地总结北京市特级教师的成长规律，提炼特级教师先进的教育思想和教学理念，提升北京市中小学教师的专业发展水平，推动北京市中小学教师队伍建设，培养一批国内知名的中小学名师，造就一批教育家，北京市教育委员会于2008年开始设立了"北京市特级教师推广计划"专项研究项目，委托北京教育科学研究院教师研究中心具体负责实施该项目。项目组精心组织了研究团队，成立了《特级教师研究书系》丛书编委会，并决定陆续出版该项目的特级教师研究成果。

---

① 王芳，蔡永红. 我国特级教师制度与特级教师研究的回顾与反思［J］. 教师教育研究，2005（6）：41－46.

项目组根据北京市教育委员会的要求，设计了统一的研究思路与研究方法，确定了研究的内容。项目组为每一位入选的特级教师组织成立了独立的子课题组，并确定了总访谈提纲，在总访谈提纲下，各个子课题组根据研究对象的特点适当调整具体的、富有操作性的访谈提纲。在研究方法上，项目组主要采用了生活史的研究方法。这种生活史的研究方法认为，教师过去所经历的一切生活内容，会慢慢发展成为足以支配教师日后思考与行为的"影响史"。在探讨特级教师的专业成长史时，项目组没有直接从普遍知识、专业技能角度出发去探寻特级教师成长、发展的普遍规律，而是从特级教师个人的生活史出发，将其作为研究与解读他们专业成长的重要视角；重视这些特级教师专业成长的个人生活根源，关注他们个人的经验、情绪、价值在成长中的重要作用。同时，项目组也结合了大量的第一手访谈资料以及特级教师本人的相关文本文献和视频资料等来进行研究。我们从国家对特级教师的界定和要求出发（即特级教师是师德的表率、育人的模范、教学的专家），将对特级教师的研究划分为四个维度：成长史、教育教学（管理）思想、师德和影响力。这四个维度构成了我们研究特级教师的主要内容。丛书中的每一本专著都是以上述四个方面的内容来呈现研究成果的。

我们衷心希望，项目组的研究成果能够从一个新的视角探寻特级教师成长的规律与机制，推动特级教师研究的不断深入，提升特级教师研究的质量；同时，我们也期待《特级教师研究书系》的出版，能对首都及全国广大中小学教师的专业成长具有一定的启发意义！

"北京市特级教师推广计划"项目组

2009 年 9 月 10 日

目 录

思想：给学生终身受用的东西

$$师德：永有一颗赤子之心$$

$$影响力：桃李不言，下自成蹊$$

附 录

引　言

初次见面，崔琪老师给我们的印象似乎不太像个"特级"：一张娃娃脸，坦诚率性，嘴边总是挂着学生们最流行的口头语。短短的几句自我介绍，生动精辟，简直要把自己交代个底儿朝天："我是那种表面温和、内心原则性极强的人。因为我属猴，一般来讲属猴的人比较灵活，随意性比较强。血型嘛，是 AB 型的，AB 型血的人耐性差。我觉得我是最得过且过、最差不多就得了的那一种。但我又是金牛座，都说金牛座的人比较固执，凡事很坚持，所以我是属于随意与固执结合的那种人。"几次接触下来，我们深切地感受到崔琪老师随和的性格。她的学生告诉我们，崔老师成天笑呵呵的，几乎从不发脾气。但另一方面，我们却惊讶地得知，她被全校师生尊称为"先生""崔老"，虽然我们一时还没有机会见识到崔老师"骨子里面那股极强的原则性"，不过就凭"先生"这一称呼，在全校师生当中崔琪老师说话与做事的分量可见一斑。

细细思量，正是由于温和造就了平实、可亲的崔琪；而那种原则性和固执，又让崔琪能够静下心，寻找自己的方向，寻找真理的道路。从教 20 余年，评为特级教师近 10 年，我们感叹于崔琪老师的温和与执著，她从不会提出什么堂皇的学说或奇谈怪论去吸引人，也不会随意丢下几句玄乎或花哨的词句去迷惑人。她对一切粗鄙、庸俗、炫耀、浮躁、浅薄的事物采取完全弃绝的态度，在它们和自己之间划出一条界线。她努力避开一切浮夸外露的矫情，更不会戴上"华丽羽毛""招摇过市"。崔琪所喜爱的，永远是那些靠着自身无言的价值而真切存在的东西。她的风格像水一样清纯，正如她抒发自己的教育理念时所写到的那样：

自己活动，并能推动别人的，是水；

经常探求自己的方向的，是水；

遇到障碍物时，能发挥百倍力量的，是水；

以自己的清洁洗净他人的污浊，有容清纳浊的大度量的，是水；

能蒸发为云，变成雨、雪、雾，或凝结成晶莹如镜的冰，但不论变化如何，仍不失其本性的，是水。

成长：
天生一个孩子王

一、"青葱"岁月——"好玩儿"

1956 年，因为父母工作的原因，出生仅 56 天的崔琪就被送到了全托的幼儿园，这一送就是 7 年。1963 年，崔琪上小学，3 年之后，"文化大革命"便开始了。崔琪的父母被下放，一直到她念高二的时候他们才回来。"直到那时，我才能说清楚父母所做的工作，之前对他们真的是没有太多的印象。所以，这种特殊的成长经历对我来说也是很'好玩儿的'……后来有不少人都问，那你在'文化大革命'时都干吗去了？我说，玩儿来着。人家都不能想象，说怎么能有 10 年的生命在那儿玩儿？"到厕所里刨书，三分钱冰棍当午餐，每天上课搬砖头……回顾有趣的一幕幕，我们看到了一个聪明、自立、善良的崔琪。在这段"好玩儿"的"青葱"岁月里，

小学三年级的崔琪

崔琪不仅练就了自己独立的人格与开朗的个性，也为将来的教师生涯做了许多其他方面的准备。这一切，都发生在不经意间。

1."好玩儿"之文学启蒙

崔琪的家庭背景很普通，并非出身书香门第，但是，在种种机缘之下，她从小读的书并不少，而且范围极广。杂物间、旧书店、厕所，哪里有书，哪里就是她的阅读天堂。

因为"文化大革命"的缘故，崔琪从小学三年级开始，她的父母便被关进了牛棚，只剩下她和哥哥还有外婆住在四合院里。同在一个院子里的还有位民族附中的老师。两家人共用一间厕所，就是在这间奇特的厕所里，崔琪走上了她的文学之旅。"我们用的厕所很独特，大概有一个会议室那么

长。进身来是三间小房子，都是搁杂物的，通到最里边是厕所。他们家（指同住一个四合院的老师一家人）有一些书，'文革大革命'的时候红卫兵来抄家，那些厚书红卫兵也撕不了，有些只是把书皮撕碎，他们走后，老师家的保姆就把书都装到一个筐里，堆到杂物间了。我跟我哥俩人谁上厕所谁就从筐里面刨本书出来，蹲在那儿看，一直看到有人在外边敲门催我们。就这样，乱七八糟地都不知道看了些什么书。一直到上大学以后才发现：哦，这书以前看过。比如《福尔摩斯探案集》《铁道游击队》《迎春花》《敌后武工队》《牛虻》《钢铁是怎样炼成的》，等等。"

1972年年底，邓小平复出主持全国工作，学校教学暂时恢复正常，崔琪恰逢其时地读了高中。"那时候我们同学都特别希望好好学习。我上的那个高中就在王府井那条街上，在协和医院的对面。全班40个人，大家一下课都上那个东风市场（现为东安市场）的旧书店里头去看书，那个氛围挺好的。"可惜的是，1973年"张铁生事件"① 一出，"读书无用论"甚嚣尘上，崔琪他们只能都跟着去插队。"本来我们这些经过正式考试上来的高中生，学习能力应该挺强的，可以顺理成章地上大学了。但是没想到，这样一来，我们就只能都跟着插队去了。所以，上完高中，我就去当时北京的平谷县当农民了。"

曾经有位哲人做过一个很形象的比喻：一个人读过的书的高度，某种程度上决定了他的人生所能达到的高度。具体到每一位教师的成长历程，"厚积薄发"更是一条颠扑不破的真理。崔琪童年的阅读经历，除了好玩，除了无奈，更是一种无形的积累，一种文学素养的积累，一种人生阅历的积累。这种积累，对每一个立志成为好老师的教育工作者来说，甚至对每一个普通人来说，都永远不会嫌晚，永远不会嫌多。老师们，打开手中的书吧，就从今天开始。

---

① 1973年7月19日，《辽宁日报》报道张铁生"白卷事件"，参见人民网资料：http://www.people.com.cn/GB/historic/0719/6787.html。

2. "好玩儿" 之三分钱午餐

由于父母常年不在身边，崔琪自幼便有很强的独立性。"生活都是自己打理。我们兄妹两个人，一个月 15 块钱生活费，归我哥哥管。那个时候，我常常是买一个萝卜就是一顿中午饭，买一根冰棍可能也算是一顿中午饭，反正我哥给我 3 分钱，我把这 3 分花掉就对了……我哥长到一米八，我才一米六，所以我常开玩笑说，我发育的时候，没有跟上正常的营养啊。"

尽管如此，在这种不太正常的生活中，崔琪早早便接触到了最朴素、最底层的人情风俗。"从小学一年级一直到初中毕业这 9 年间，我们一个班的同学基本都住在一条胡同里。那个胡同原来是从东单到北京站的，现在还剩一半，叫西裱褙胡同，就是北京日报集团所在的那个胡同。从第一户到最后一户，差不多每个院都有我们的同学，四十几个人一个班，就分散居住在这条胡同里。我是属于比较早遭厄运的，我们住的那个院都被抄了，有位老师还挨了打。当然，不管是抄谁家的，我们都受到惊吓。因为年龄还小，所以常常不敢自己睡在家里，尤其是看了一些小说、听了一些恐怖故事后。那时，我的几个要好的同学家长对我特别好。说：'这小孩害怕，不敢回家睡觉，你们去陪她吧。'于是，那些同学就轮流到我们家来陪我。有时吃不上饭了，同学家长就说，'来我们家吃吧'！有时同学家蒸了包子什么的，她妈妈也会说，'叫崔琪一块儿来吃吧'，感觉真是特别好……真是人间温暖啊。所以我后来在教学当中也特别关照那些来自贫困家庭的孩子，还有学习上、心理上都感觉低人一等或者有自卑情绪的学生。这样的学生在我的眼前肯定是受到特别尊重和小心呵护的。"

按照弗洛伊德的说法，一个人的童年经历对其人格发展有着决定性的意义。少年崔琪所经历的点点滴滴自然而然地投射在她以后的从教生涯当中。这其中，有几分无意，有几分自觉，更有一份爱心与善意。我们当然不是要求每一位教师都要去经历一次"苦难"的童年，但是，对世事的感悟，对人情的感动，对生活的感恩，确是老师们应该常常放在心上的。

3. "好玩儿"之挖防空洞

崔琪念初中的那三年（1969—1972），正是"文化大革命"最乱的一段时间，回忆起那一段时光，崔老师的第一印象就是"跟着混，玩儿。"崔琪所在的 127 中学，被要求承担北京市"人防工程"的一部分工作，具体说就在校园操场上挖防空洞。派什么人去挖呢？各班学习成绩排在前 10 名的去挖。因为学校方面认为，这些好学生即使缺了课去挖防空洞，照样也能跟上学习的进度。所以，学习成绩不好的成天坐在课堂里上课，成绩好的都去挖防空洞。"我对初中的印象就是天天在挖防空洞，挖防空洞就是初中课程。直到快上初三了，才正式回到课堂上课。"

当崔琪每天为北京市宏大的"人防工程"贡献完自己的绵薄之力之后，偶尔为之的听课成为一件很大的乐事："那时候的老师好多都特别出色，修养都特别好。我们后来才知道，'文化大革命'一结束，我们学校的好多老师都调到大学里当老师去了，有调到复旦去的，还有进入别的学校了。就像我们原来的历史老师，我们都为他疯狂，觉得他讲得可好了，整个一堂课下来，我的历史笔记大概得有五六页，记得满满的，回家后什么作业都不做，就把那个历史笔记重新抄一遍。还有我们的数学老师，大家可喜欢她了，那老师一来上课，大家就早早都坐定了，等下课铃声响时，我们就喊："不下课！不下课！不许下课！接着讲！"

那时候的崔琪在语言文字方面的特长已经有所崭露："中学的时候，虽然不怎么上课，但是像作文之类的作业还是要交的。结果我的语文老师就特别喜欢我，老是在上面念我的作文。即使我写得不怎么好的作文她也念，边念还边说，'这个地方，稍微改一下就更好了'，跟着就改，随改随念，就是这样。后来在学校组织的作文比赛中，我竟然得了第二名。"崔琪后来之所以选择语文学科，和初中的这段经历不无关系。"插队两年、工作两年，再考大学得根据自己的强项去考，不敢乱选择。我是因为觉得自己语文还好，所以选了语文学科。"

也正是由于那段经历，崔琪深切体会到了教师表扬的巨大力量。"我现在也知道，我们学生上课，哪怕他（她）的作业就有几句写得好，我也一

5

定把他（她）这几句在课堂上给展示出来，这样小孩就特别高兴。你想啊，你这老师老是找机会表扬他（她），他（她）当然跟你特别好。我从我自己的成长过程当中知道，不管是什么人，不管是多大岁数的人，他（她）肯定都喜欢听赞美的话。"

当崔琪不时地用"好玩"的字眼以及轻松调侃的语气讲述自己童年的种种独特遭遇的时候，我们不禁感叹于她的平和心态。她貌似若无其事地一一穿越生活中的种种障碍，看不出丝毫的笨拙或是害怕，这其中的奥妙不得不让人叹服。

二、职业选择——"较劲儿"

"我没想过将来干嘛，但是很多人都说我的性格适合做老师。我特别小的时候，就有很多人说这小孩说话怎么跟个老师似的。而且在很多场合，我真的就是孩子王。"不过，青少年时代的崔琪并没有想到自己真的有一天会当教师，虽然命运一次一次地选择了她，她却一次又一次将机会推掉了。

初中毕业的时候，曾经有去北京东城师范学校学习的机会，老师们找崔琪谈话，说可以保送她去读，毕业就回来教书。回家一商量，"坚决不能去"，正所谓"家有五斗粮，不当孩子王"。在农村插队的时候，东城师范学校又去公社招生，崔琪再次被推荐，崔琪对招生的老师说："如果我愿意去，初中毕业时就去了，何至于现在又……"一直到考大学的时候，崔琪对教师这一职业也没有产生什么强烈的渴求，她填报的志愿是北大中文系。但是考下来分数不够，因为要服从分配，这才来到了北师大，不再和命运较劲儿。

"服从分配吧！算了吧！想想应该是命中注定，所以，我觉得上帝要安排你做什么，你可能难逃这命运。"不过，回顾一次次的较劲儿过程，我们从中俨然看到了崔琪当一个好老师，特别是一名优秀语文老师的巨大潜质。

1. "较劲儿"之公安学校

1975 年年初，高中毕业的崔琪来到当时北京郊区的平谷县插队，将近两年后，北京市公安局招人，挑选适合条件的人进入公安学校（现北京市警察学院）学习，这些公安学校的学生将来要为进入公安局当侦察员做准备。崔琪被挑中了。"能够被挑去，我觉得原因是我比较符合条件。因为公安局挑人，第一个身高要够，另外挑长相，不是挑长得好的那种，而是挑那种撒在人群里找不着、根本就没特征的那种。当时我们那个公社一共挑中了两个人。在公安学校学习了几个月，主要是学习一些哲学，还有一些刑侦案件的侦破方法。其实就是简单的公安常识，比如说足迹、指纹

1977 年公安学校留影

的提取方法，跟踪的基本方法，看人的基本方法，字迹分析之类的，很简单。因为那时候正是 1976 年年底，刚刚粉碎'四人帮'，而公安学校招生也停滞了很多年。"

学习结束，崔琪被分配到政保二处，主要任务是"防间谍"，据说这是公安局最重要的一个部门之一，后来该部门改为北京市国家安全局。毋庸讳言，1976 年是中国历史上一个比较大的转折期，中国的大门开始往外开了一个缝。在那样的特殊背景下，崔琪经历了一段颇为奇特的职业生涯，并由此练就了察言观色的本领，学会了细心谨慎地对待生活中的点点滴滴。

2. "较劲儿"之《法制日报》

在当时很多人的眼里，能够到公安局工作是一件既光荣又幸运的事情。然而，崔琪给我们回忆当时的情形说："我正式到了二处后才发现，周围的人净是外语学院毕业的大学生。学俄语、波兰语、法语、德语、西班牙语、

乌尔都语、越南语、印度语等，跟我一个办公室的有十几个人吧，都是学外语的，都有自己的大学专业，就我不会。而且从插队到我来公安局，这中间又混掉了两年，所以我在那儿呆着总觉得有一种不太如人意的感觉。"1978年，在公安局工作了两年的崔琪重返校园，参加"文革"后第一次全国统一高考，进入了北师大中文系，毕业后，她服从分配，顺理成章地当了一名语文教师。

尽管如此，崔琪似乎还想和命运较一较劲，"从本性上讲的话，还是想出去的。"特别是作为 78 级的大学生，天之骄子，各种机会是非常多的：先是以前的公安局想要她回去，然后是《法制日报》也向崔琪招手。当时《法制日报》的人事计划方面一直就希望找一些有过公安经历，又是中文专业本科毕业的，的确，这样的人当法制新闻的记者再合适不过。而崔琪的经历恰好符合要求，加上她有一个同学正好就在司法部热心地帮着张罗起这件事，甚至给崔琪发出了调函。

崔琪自己和学校商量了几次，学校舍不得，不肯放她走。毕竟，那个时候 77 级、78 级的大学毕业生当老师的少之又少，即使当了老师，后来也都纷纷跳槽，能够留守的，真的是凤毛麟角。当时有的老师碰到崔琪这种情况就做得比较绝，干脆和学校闹开了。比如，上课就告诉学生，"今天自学"，然后一言不发地站在讲台上，下课铃一响抬脚就走。下一节课来了，依旧是这样，"今天自学"，然后下课转身就走。就这样，一星期下来学生受不了，学校也受不了，只好放人。但崔琪说，这种事情她做不出来。她性格中的认真和原则性在这时就体现出来了。"我一见到学生，就觉得这件事情还是得负责任。"

一直到崔琪生完孩子，校方终于有所松动，对崔琪说如果愿意可以考虑走。但是，等真正把孩子生下来以后，崔琪自己反倒不想走了，而且这时候她丈夫也劝她，"清华这个环境多好啊！下一代的好多问题都可以省心了。"说到这一点，崔琪现在依旧透着一丝得意："孩子上幼儿园、上小学、上中学，这些事情我后来根本就没操过心、着过急。哪像现在外边那些家长，有多少人为孩子上学着急啊……（我）那时候就为孩子考虑了。人家说为了孩子没有自我，这是实在的话。再加上我自己当老师也当了六七年了，觉得（做老师做得）还行。"

淡淡的话语中，我们再一次感叹崔琪的平实与诚恳，她没有多么动听的豪言壮语，只是实事求是地给我们解说当时的情况。

崔琪与女儿在一起

当然，除了为孩子着想，使崔琪最终坚定地留在学校的还有一个重要原因，那就是学生。曾经有一段时间，崔琪身体不是很好，从 1984 年到 1988 年的四年间，因为肺炎，崔琪连续三年的春天都住进了医院。学生们在清华校园里采来大把大把的二月兰，纷纷去看望崔老师，"老师、老师，你快点好吧！"面对着美丽的小紫花，还有学生们一张张天真诚挚的脸，崔琪感到了当教师的幸福。

"我那时候还净在教高三的时候生病，我四月份住院了，孩子们七月份要考试，学校也不给他们换老师，就说'你快点好，大家都盼着呢！'就那样，我那时候真的觉得特别幸福，也特别感动。"住在清华校医院的那段时间里，有的病友是学生家长，她们听说崔琪住院了，便向前来探望的人介绍说，"这就是清华附中那个班的老师"。她们还会使劲地对崔琪说，哎呀，你们附中的老师怎么怎么好。总之，很多很多这种细节上的东西，难以尽数，让崔琪住在医院里也不消停，不停地犹豫、坚定、犹豫、坚定，最后才慢慢地定下来，一辈子做老师。

崔琪一次次与命运较劲儿，绝不是厌恶教师职业，更不是厌恶与孩子打

交道，只是因为她是有志向有追求的人。她的胸中总是怀着梦想，对未来、对人生，总有不尽的憧憬。这种理想和冲劲儿，是人生最宝贵的财富，不论身处何种岗位。

也正是因为这个原因，崔琪说她现在特别能理解那些跳槽的老师，她所在的语文组也曾经走了两个人，去公司经商了。"其实都是挺好的老师，就是觉得太紧张了，压力太大。"那两个人调走之后又打电话、写信，要求回来。崔琪替他们游说，可惜学校出于多方考虑没有同意。"挺可惜的。我不太赞成那种批评跳槽的老师专业思想不牢固之类的说法。要我说，还是不要轻易给人家戴这样的帽子，因为年轻人毕竟是有幻想的。机会来了，重新选择一下也未尝不可。一个年轻人今天可能在这儿当老师，明天就辞职去保险公司，我都觉得特别能理解。"

古往今来，对大多数人来说，最幸福的莫过于能做自己喜欢做的事。所以，那种天生就喜欢教师职业，并且顺利地当了教师，一辈子扎根教育的人是很值得我们羡慕的。可现实中，"干一行爱一行"的人似乎总是比"爱一行干一行"的人多一些。崔老师和大多数人一样，对教育事业的热爱是干出来的。

人们喜欢把专业思想稳固作为尺度去衡量一个人的道德品质，并且偏狭地认为固守某个岗位就是专业思想稳固。其实，所谓的专业思想至少在一部分年轻人那里还是挺虚的东西，很少有人在刚刚入职时就能明确自己未来的发展方向。无非是自己先大概有个想法，然后在工作实践中不断调整自我，借助主客观因素修正自己的职业设计。正如崔老师所言：不停地犹豫、坚定、犹豫、坚定，最后也就成这样了。尤其是在当下五光十色的社会中，教育是一种很难使那些有抱负的年轻人一下子就爱上的事业。所谓"家有五斗粮，不当孩子王"毋庸讳言，我们所接触的优秀教师中就有相当一部分都是"迫于无奈"才选择做教师的。即便如此，本着一种天生的责任感，他们后来又都爱上了学校，爱上了教育这份艰辛的事业。

课堂上的崔琪

三、初登教坛——"上坡儿"

无论是在最初的摇摆阶段，还是到后来安下心来留在学校，崔琪都没有停止学习和提高的脚步。这其实是那个时代人的共同特征：尽职尽责，做好本职工作。初入职场的崔琪，用心上好每一节课，按照要求认真参加各类展示课以及研究课。人们或许会惊讶，开始那个颇为"用情不专"的崔琪何以走出如此稳健精彩的从教之路？殊不知，入职之初那一堂堂"摊派"给崔琪的公开课，慧眼识珠的教研员为她所开的"小灶"以及校领导那有意无意的几句"暗示"，都给崔琪提供了职业发展"上坡儿"的方向和途径。

1. "上坡儿"之公开课

20 世纪 80 年代初，经历了一段时间的恢复和调整，我国基础教育各项工作逐步走入正轨，提升教学质量成为学校的重要任务。崔琪来到清华附中之后，见识并积极参与了学校在提升教学质量方面的重要举措——公开课，即通过研究课、展示课的形式鼓励大家听课、评课，提高教师自身的教学水平，进而促进教学质量的全面提升。

崔琪：用语文锤炼学生的思维品质

　　崔琪回忆说，刚去的那几年里，每当遇到讨论和决定由谁来上公开课的问题时，她总是第一个被大家推举出来。"你想，我大学刚毕业就来了，之前因为'文化大革命'的缘故，好些年没收正规的大学生了，教师们的年纪都比我大。跟我一起来的还有首师大毕业的一个老师，虽说都是'文化大革命'之后的大学生，但是他比我大 8 岁。所以碰到要上研究课或者公开课，大家就说，小崔你去吧！因为我最小，说老实话这种活儿人家都不怎么爱干，可不就是谁最小，谁就多干点嘛？正好那会儿我还没有孩子，上公开课也还有时间仔细琢磨，上就上吧！尤其在区里上公开课，虽然地点是在清华附中，但是全区同一学科同一年级的老师都会来听课。在上这个课之前，教研员肯定会来，先跟你备课，跟你说这课有什么不足，需要做哪些调整等。经过这样的前期准备，等到真的上课那天，肯定是特别出彩的。通过两三次试讲，每一环节要干嘛，这一环节当中一共说多少句话，每一句用什么方式去说，用什么板书等，都已经是程序式的了，对于我来说非常清楚。你想那个时候的展示，肯定是展示得比较好的。"

公开课上的崔琪

　　这种公开课，虽然眼下人们对它褒贬不一，不过，它对于提高学校教学质量和教师队伍的整体专业水平还是有着积极意义的。所谓公开课或者说展示课，就是要不同于日常授课的状态，要有些许表演的成分，几丝"作秀"的意味。正如一部好的戏剧能够入木三分地展示出生活的内涵和真谛，但它

12

绝不等同于日常生活完整、即时的真实再现。

通过上大量的公开课，崔琪在专业方面的提高是显而易见的，她不仅磨炼了教学技能，而且日渐形成了自己的教学风格，并一步步地成长、成熟起来。更加难能可贵的是，在当时，这种公开课基本没有什么功利性可言。崔琪刚参加工作的那几年里，甚至连"职称"的说法都没有。"前 5 年根本就不想这个，也不可能想到那么多事情，要职称？要奖励？都没有。"

2. "上坡儿"之集体教研

"集体教研"是一项具有强烈中国特色的学校教师活动，它通过将同一学科的教师组织起来，共同研究教学内容，确定教学进度、重点和难点，讨论优化课程教学实施的具体步骤和过程，以达到相对统一和较高质量的课堂教学。

在海淀区教师进修学校，踏实肯干的崔琪很快受到了进修学校姚家祥老师的青睐，他开始有意识地多"带带"崔琪。比如，安排她在区里上展示课，让她负责一个单元的教学设计，或是期中期末的一部分出题工作等。北京毕竟是藏龙卧虎之地，虽然受过系统的大学中文教育，但在那些老教师看来，崔琪这个年轻人的功底还是有点薄，还得加强锤炼。

直到今日，年逾花甲的姚老师还能清晰地回忆起当初安排崔琪负责文言文教研任务的情形。"我特意安排她与一位文言文功底极其深厚的老先生在同一个小组，整个一学期主要负责文言文部分的教研工作。这位老教师毕业于北大中文系，是作为新中国的高级军官来培养的。但是，在'文化大革命'的时候，因为出身的原因，只好离开部队，在北京一所普通的中学教书。尽管所处的学校很普通，但这位老先生的功力是有目共睹的。我就让崔琪跟着这位老先生一块儿出题，研究文言文问题。"姚老师这一有意识的安排，多多少少在工作上让崔琪能够得到一点外力的帮助，毕竟，完全靠她自己去钻研还是比较困难的。不论当时的崔琪是否领会到了姚老师的良苦用心，她确实获得了一个很好的学习机会，而她的好学以及对老先生的尊敬则使得她受益颇丰。

"我觉得好多人都在暗中帮助我。我都不知道最后应该去感谢谁，反正

崔琪：用语文锤炼学生的思维品质

大家都对我特别地友好。我到海淀教师进修学校，那些老教研员都管我叫'新秀'。一见面张口就说'新秀，你来了？'这对于我而言，无疑是一种正面激励。还有一位担任当年北大附中教研组长的老先生，叫李裕德。他在进修学校听完我讲课后就说，'这是个人才，是个文学苗子'。那时候我还年轻，听到这话，自然是特别高兴。"除了教师进修学校，崔琪还从当时语文界诸多老先生那里汲取了不尽的养分，其中，崔琪最崇拜的有两位。

"一位是于漪，我真的是非常崇拜她，她真的是境界高尚，人格高尚，真的。还有一位是章熊先生，他原来是北大附中的老师，属于那种生命不息便学习不止、思考不止的人。像咱们开始用电脑的时候，我记得有好多年纪稍微大一些的老师都不大愿意学。但章老师那么大岁数的人，靠着'一指禅'——他只会用食指打字——在那儿用电脑写文章，真的不容易。我特别敬畏他，七十几岁的人，手术也做过好几回了，但是仍然坚持翻译文章，研究语文教学。研究出心得以后，就跟我们说，'我没有机会实践，你们去好好实践'。他是在教会学校长大的，英语特别强。有好多东西都是他看完原文以后再翻译过来的。他觉得某篇文章或是某本书当中，说了一些著名的论断，讲了一些有益的道理，他都会告诉我们。"

跟着这些老先生十几年，崔琪在做人和学术上都深受影响，在教学中也逐渐养成了谦虚谨慎、一丝不苟的工作习惯。崔琪给我们回忆了她早年教书时经历的一件小事：1986 年，她带高三，有一次正准备第二天的试卷讲评，突然发现文言阅读题中有一个"膭"（tūn）字她不认识。那时候，没有网络，也没有电话，崔琪把手边的字典都查完了，也找不到这字。怎么办？只好去清华大学图书馆继续查，最后终于找到答案。为了这一个字，崔琪用去了两个小时时间。按理讲，不认识这个字，对理解那篇文章无关紧要，不查也没什么。事后崔琪也曾多次问自己，这样做是否值得？但想到自己做事的原则——绝不能让人指后脊梁，就觉得值了。后来，崔琪还经常用"一字不识师之耻，一事苟且师之惰"来安慰和鼓舞自己，尤其是在得到一定的赞誉之后，她在这方面就更加勤奋了。

3. "上坡儿"之领导暗示

崔琪刚到清华附中工作的时候，她的丈夫还在北京军区工作，一星期两人才见一次，所以，崔琪平时基本跟单身汉也差不了多少，没有什么家庭拖累，空余的时间相对比较多。有一次，别人对她说，清华大学办了一个中专，要开语文课，没人去上，崔琪你去给他们上上吧，每天在附中上完课就过去，很近的，骑车就行。刚参加工作的崔琪也不知道深浅，心想反正上完课没什么事儿，即便是再去中专讲课，时间和精力也是足够的，加上挣的钱又多，大概一个星期下来，就够一个月的生活费了，于是便答应了下来。

去了不到两个月，清华附中的校长就知道了，他找来崔琪谈话，问崔琪到外面代课的原因。这时候崔琪才知道问题比较严重了，原来清华附中是不允许老师到外面代课的，直到现在也是一样。情急之下，崔琪给自己找了个冠冕堂皇的理由，"为什么会去呀？因为我有好多挺奇怪的想法，我想在这个班试一试，在那个班试一试，我拿他们那种班也去试一试。"校长一听是这样的理由，一时间也不好说别的，但还是语重心长地劝导崔琪说："像你这么好的老师，应该好好研究咱们的学生，你要把这个精力放在学校。当然有想法是好事情，你可以在学校多尝试啊，比如，在这个班做一个小实验，在那个班再做一个实验。总之，你不要把精力都分散到那边去。"

话音落下，崔琪的心情豁亮：那是崔琪第一次听到校长说自己是"这么好的老师"。"校长这么说了，我就从那儿得到了信息，这个学校还是比较看重我的。"崔琪明白了校长的用意，就是一定要让她回来。于是，崔琪和中专那边的人说明了情况，把那个学期教完之后就回来了，并且从那以后，再也没有在外面上过课。

除了这次和校长谈话，入职后不久的一次全国会议同样让崔琪感受到了领导的重视。那次会议的具体名称和内容崔琪现在已经记不清了，她只记得当时钱梦龙、于漪、吕型伟这些"大腕儿"都出席了。那次全国语文教学研究会给清华附中发来了邀请函，按照惯例，应该是学校语文教学方面的"头儿"去。但当时附中的教研组长因为有事情没能去，备课组长也因为家庭拖累去不成。学校一商量——让崔琪去！

15

"我当时就觉得特别受宠，你想，应该是教研组长去的，就是现在也一样。一个让学校的领导去开的会，结果领导没去，而让你一个普通教师代表校领导去，那真的是受宠若惊。这就是一个暗示的信息。"事实上，这些暗示本身就是对崔琪能力的肯定。毕竟，对于"文化大革命"之后的大学生、科班出身的崔琪，校领导自然要寄予很大的期望。这些暗示一点点转变为崔琪心中的自我暗示，她对自己的能力有了进一步肯定，对自己的要求也进一步提高。

公开课上的基本功锻炼，集体教研时的特殊照顾，加上学校领导的频频暗示，这些都成为崔琪入职之初"上坡儿"的重要动力。每一个教师在职业成长的最初阶段，总是希望能碰上那么几个"命中贵人"，遇上那么几回"天上掉馅饼"的好事。从这个意义上说，崔琪或许是幸运的。但更重要的是，在这些"贵人"和"馅饼"的背后，有着崔琪自己不懈的努力，对教育事业以及每一位学生真诚的责任心，比如那个花去两个小时的"脖"字。否则，即使我们生命中有再多的"贵人"，头上砸到再多的"馅饼"，也终究是"两不相遇"。

四、专业发展——"冒尖儿"

经过公开课的频频磨炼以及领导暗示对崔琪的促进作用，崔琪开始在清华附中、整个海淀区甚至全北京的语文教育界崭露头角，小有名气，甚至还跑到韩国去"火"了一把。在专业发展的道路上，崔琪的第一次论文获奖是一个关键事件，因为它意味着崔琪除了教学，在研究方面的能力和成绩也得到了肯定，并且可以对其他老师有所借鉴。

1. "冒尖儿"之青年教师优秀课奖

崔琪教师生涯中的第一次获奖是在 1991 年，获奖的缘由要从一堂"走麦城"的口头作文课说起。应该说，那是一节即便在今天看来也颇具创新理念的口头作文课——所谓口头作文，指的是教师引导学生首先通过口头表达整理作文的大体思路，阐述每部分的内容，然后再开展书面写作（即我们通常理解的"作文"）——然而，那节课上下来却让崔琪颇为尴尬：课堂发言从头到尾就是班长和语文科代表的"对手戏"，两个人站起来，你说完了我说，我说完了你说，剩下人都没有机会参与发言。这并不是崔琪所期待的局面，她原本希望能够通过自己的引导，激发全班学生的思维与表达。作文课结束之后，陪同教研员一起听课的教研组长禁不住问到崔琪，"你备课了吗？"崔琪挺委屈地回答说，"备课了，感觉还备得挺好的"。于是，她仔细地向教研员解释自己的用意……让崔琪感动的是，教研员大概从中看出了一些东西，并没有批评她，反而从此记住了崔琪。这个独具慧眼的教研员，就是我们前面提到的姚家祥老师。

姚老师对崔琪的口头作文设想非常认可，尽管当时还比较粗糙，但毕竟是开了先河，打破了大家对作文课就是教师"说"学生"写"的刻板印象。于是，在1991年的"海淀区青年教师优秀课"评选活动中，他力荐崔老师参加。这一回，崔老师吸取教训，做了充分的准备。她选择的材料是一篇课外阅读的小小说《滚雷英雄》。小说的大概情节是这样的，一位战士在对越自卫反击战中引爆了地雷，协助后面大部队的推进，自己的腿却被炸没了。战斗结束，上级给他立了三等功，记者去站地医院采访，小战士伤势已重，弥留之际，他轻轻地对记者说到，我不是故意滚雷的，是无意中摔倒……

在课堂上，崔琪组织学生阅读了这篇小小说，引导学生重点注意其中的细节描写。接着，她让学生们分小组进行讨论，看小说中哪些地方对人物刻画进行了细节描写。找出细节之后，崔琪进一步引导学生从动作、心理、语言、正面、侧面等角度进行思考，并当堂进行口头作文，讲一讲自己认为精彩的地方。第一次"走麦城"时那种漫无边际的个人辩论不见了，学生们在崔老师提供的"抓手"的帮助下，有条有理地完成了对阅读材料的分析和提升，崔老师心目中理想的"口头作文课"得到了比较完美的展示，她的这节课自然也众望所归地捧回了大奖。

这次获奖事件对崔琪的影响很大，她由此展开了对口头作文教学的深入研究。在此之前，崔琪更多地将其当做一个"偷懒"的办法："口头作文有一点好处，就是当场解决问题，说得好说得不好当场就能够评判。而你知道，判书面作文是比较辛苦的事情，并且周期太漫长，一篇作文收上来、判

好、再发回学生手里大概是一周时间以后的事情。你们不知道，语文老师改作文是很痛苦的，那么多，好多问题都是学生的通病，一篇又一篇，以前我也深受其苦：因为看作文看得特痛苦，经常买袋瓜子，边磕边看，结果弄成现在这样，牙齿上有一个豁。后来有一回一个海淀区的老师来讲课，我们交流的时候，她也说判作文太痛苦、太煎熬，所以每次判作文之前，她都买一盒酸奶作为对自己的犒劳。基于同感，我就给她介绍口头作文的办法，据说效果还不错。"

而1991年的这个"青年教师优秀课奖"，让口头作文教学从最初所谓"偷懒"的一种办法，逐渐变成提升学生作文整体水平的有效途径。崔琪在尝试的过程中开始了认真的研究："以前只是觉得好玩，后来我想，我当老师到底能教给我们学生什么东西呢？就那么一篇一篇的课文吗？那么教似乎也不见学生有什么进步，但起码，我要教会他们说话的本事……所有人说话都是依照前人说话的方式进行的，你看一家人说话的方式都是一样的，包括节奏、语调什么的都差不多。从这个角度来说，我觉得一定要给他们提供好的蓝本，比如教材当中很好的文章，一定要让他们仿作。仿作多了就跟小孩学说话学多了一样。另外，这个语言一定不是他挤出来的，一定得有深刻的内涵做支撑，如果很美丽的语言但完全没有内容，在我这里绝对不会被当做好的东西来向大家展示。每次练习的时候，我一定要去表扬那些又有思想内涵又有文采的，那种审美情趣和审美起点都很低的东西，是不能被称为文学的。所以我是从文学和思维这两个方面进行训练的。……后来我还写了一篇关于口语表达训练的文章，写完拿给章熊先生看，章先生看完以后提出了很多的问题，毕竟我当时年轻，话说得比较偏激。我说中国自古以来都不太注重口语表达，他纠正我说不对，《论语》当中就已经有了这样的说法，等等。但他觉得这是一个很有意思的问题，值得研究，得到了前辈的支持，我就更有信心去做了。"

2. "冒尖儿"之韩国优秀教师

在清华附中，国际交流的机会比较多。1997年，学校派崔琪去韩国首都首尔大元外国语高中教了一年汉语会话。尽管崔琪一句韩语也不会，学生们刚入学时也是一句中文也不会，但崔琪居然在那里教得有声有色。期末学生们给九位不同语种的外籍老师打等级，ABCD，刚去一年的崔琪就排到了第二名。韩方校长认为很神奇，说这个中国老师一句韩语不会，却让这374名中文系的学生这么喜欢她。于是非常希望崔琪能留任。不仅如此，在随即举行的韩国汉语大赛中，崔琪的学生们纷纷拿了大奖。韩方的校长喜出望外，让翻译给清华附中的校长打了好几次电话，请求清华附中一定要把崔琪留下来接着教汉语。

崔琪与韩国学生在一起

但是，清华附中同样"爱才如命"，说什么也要崔琪回来。崔琪当时已经是学校的教研组长，并且就在她出去的那一年，正好赶上北京市开始评"青年骨干教师"和"青年学科带头人"，因为身在国外，崔琪错过了，学校方面惋惜不已。再加上1998年清华附中的语文高考成绩开始下滑，校长更是着急了，说一定要把崔琪叫回来，这边不能没人管，于是硬是把崔琪从韩国拉了回来。

3. "冒尖儿"之论文获奖

第一次教完高三，崔琪的第一篇获奖论文也诞生了。那时候的高考议论文写作有一个甚为流行的模式，"点—正—反—深—联—总"。崔琪通过自己的教学实践意识到，如果高三作文按照这样一种固定模式去训练，会让学

生思维僵化，不利于学生的长远发展。于是，她就写成了这篇名为《高三作文的成败与思考》的论文，并获得了北京市的三等奖。

正当我们感叹于崔琪老师敏锐的洞察力以及勤快的"笔杆子"时，她十分坦然地告诉我们，自己绝对不是一个特别勤奋的人，很多东西都是到了不得不说的时候才写下来的。她的好多篇获奖论文都是因为学校的要求而写作完成的。清华附中在 20 世纪 80 年代末的时候就对教师提出了教科研要求，规定教师每年都要写一篇论文。于是，崔琪根据自己在教学实践中遇到的问题，老老实实地研究起来，并研究出了一篇又一篇获奖论文。崔琪的第二篇获奖论文同样是起因于一件不起眼的小事。在一次课上，学生们进行小作文的续写，当时给的材料是：

"下课铃声响了，广播里传来一个通知，要求高三同学迅速到图书馆门前去帮助老师搬书"。

题目要求学生根据上面这样一份材料进行续写。应该说，题目的用意很清楚，即让学生练习场面描写。但是崔琪发现，在 100 多份学生作文里面，最后能够去参加这种公益活动的少之又少。多数学生都写的是，全班同学装傻充愣，假装没听见，依旧收拾书，哼着歌曲晃晃悠悠地出去了。还有人说，"班长，我有事，我要告假了"。总之，大家都有充足的理由以各种形式离开。最后结尾处写一个"嗨！"这样感叹一声就完了。崔琪从中敏锐地捕捉到了学生的价值取向问题。文为心声，言为心声，如果学生在作文中都觉得只有自己的事情重要，大家的事情无所谓，那么，这批学生的价值观一定也存在问题。这样的孩子即使将来进入高校，接受了高等教育，也不一定能够符合社会的利益和国家的需要。崔琪进而提出，高三学生尽管学习紧张压力大，但不应该出现心灵和思想的荒芜，教师应该对其加强道德教育。这篇以学生作文中的道德倾向为出发点的论文，由于切合学生实际，在北京市获了奖。

在崔琪看来，论文的连续获奖是自己教师生涯以及专业发展道路上比较重要的一个转折点。它说明，除了教学方面的成绩，崔琪在教育教学研究方面也得到了外界的肯定。"一个老师如果上课能上得好，说明他对教学活动有周密的思考和设计，那么，这种周密思考和设计最终取得了怎样的结果，这种结果是否具有推广的价值？这些正是需要出文章的地方，也是能够出好文章的地方，如果他不写，那就只能是他自己获益。"

五、成为特级——"当范儿"

2001 年，崔琪成为清华附中第一个"土生土长"的语文特级教师，也是当时北京市最年轻的语文特级教师。尽管已达到专业发展的一个高峰，但崔琪丝毫没有"范儿"的架子，她从不摆出特级的谱儿，依旧是那么平实，那么随和，和大家一起踏踏实实地备课、上课、学习，默默地带领着清华附中语文组开展各项日常教学研究工作。蓦然回首，才猛然发觉，我们的崔先生，乃至她所在的语文组，早已功力深厚，令人刮目。

1. "当范儿"之官场经历

崔琪天性比较随和，对名利从来看得都很淡。即使是当了特级教师，也没有以此为砝码去牟利。她恪守清华附中的传统，从不出去参加任何商业性的活动，而是在教学一线兢兢业业地工作。

崔琪列举了自己不适合当领导的三条理由："第一，我不是党员，也没加入什么社团，我是无党派人士，连中学语文教学研究会都没有参加，可能本性里就属于那种自由散漫、不大受驯服的人吧。第二，我不喜欢开会，什么事情、什么时候都开会就比较烦。还有一个就是刚才说的，因为生性散漫。当领导肯定不能随便说话，要做到该说的时候说，不该说的时候就不说，是吧？但是我不行，当我对某些事情看不下去时，我肯定要说话。"

"我记得我女儿 5 岁的时候，有一次我们学校外出开暑期班主任工作会，我说我不能去，因为女儿没人看。可我假没有请下来。后来书记就跟学校其他领导说，破例吧，让崔琪带着孩子去开。会议结束后，在回来的路上，我和女儿就坐在书记的旁边。童言无忌，我女儿跟我们书记说，'人家的妈妈都当校长了，我妈妈怎么不当校长啊！'当时我身边除了书记还有学校里其他的领导，我特尴尬，因为那根本就不是我的想法，所以我就赶快对女儿说，'你妈妈当一个普通老师，就连给你梳小辫的时间都没有，要当了校长，你不就得成流浪儿了？'说完大伙儿都笑了。多逗啊，不知小孩是怎

么想的，我其实是一直都没有这样的想法。"

"说到底，我就是愿意当一名普通老师。而且我觉得，我们国家现在就是要给老师们指出这样一个方向，那就是——一个普通老师也可以活得潇洒、活得滋润。我们应该让年轻的老师知道，只要你好好做，你肯定可以得到你想要的物质上的东西！"

2. "当范儿"之教研组长

迄今为止，崔琪做的最大的"官"就是现在还在担任的语文组教研组长。不愿意当领导的崔琪怎么会走上教研组长的岗位呢？这里面有一段故事：

早在 1995 年，年轻能干的崔琪就已博得了众多人的好感，校领导也决定委以重任，给了她两项选择，一个是教研组长；一个是年级组长。这两个崔琪都从没想过，于是答复说，什么"长"都不要当，"我最大的愿望就是给我两个班，能好好地让我试着干这事儿，干那事儿，实现我的一些想法。我觉得跟学生玩儿我就很有乐趣，我最不爱跟大人玩儿。我自己还没管好呢，怎么能管别人？"但是，转述的时候出了一点问题，负责向校长汇报的那位领导说："崔琪说她就想搞教学，不想搞行政。"于是，这个教研组长的"帽子"就戴到了崔琪的头上。

"就是这样的，其实我根本连这个也不想做，最好就是什么'官'都不要做。去年（即 2007 年）我们学校主任换届，换届时采用招聘上岗，我当时就去应聘教科研主任那个职位了。应聘教科研主任，也绝对不是说我想当主任，我没有这个意思。我只是看中了它的物质待遇。它有什么物质待遇呢？教科研主任自己有一间大房子，一个人办公。而且课特别少，只有一个班的课，就有很多空闲可以看书；有一间大房子就比较安静，能够独立思考很多问题，这些是我想要的。所以我在'竞聘演讲'时说，'来到清华附中这么多年，我第一次有进步要求了，大家要支持我。'但是这个意图被我们校长一眼就'识破'了，他知道我一直不想再做语文教研组长，因为在这个位置上确实很操心，而我们组又有那么多年轻教师（需要有人指导）。"

"更重要的是在这个位置（指语文教研组长）上有很多的机遇。在市里开个什么会，或者说区里有个什么活动，叫各校教研组长来参加。到讨论发言的时候，你说'我是清华附中的'，别人自然高看一眼，因为你来自名校。接触的人很多，受到重视的机会就比较多，容易显山露水。所以我就觉得这个岗位应该让年轻人来做，我别老在这儿占着，让年轻教师快速成长，别把人家提升的路子给堵了。我几次跟学校说不做教研组长，辞职信也交过两次了，但都没有辞下来。想换一个岗位竞聘教科研主任吧，没想到校长回答说'不予考虑'。说是民意选举，可领导又不予考虑，唉！"

3. "当范儿"之崔先生

随着能力和资历的增长，崔琪在学校里说话做事的分量无可争议地与日俱增，现在清华附中只要开教研组长会，或是要商量一点全校的大型研究活动之类的，就一定会把"崔先生"请来。有些老师遇到了工作上的困难，一定会去争取崔琪老师的支持。有时候在教研组会议上，大家出现了矛盾，甚至吵得一塌糊涂，这个时候崔琪肯定就要站出来说话。"崔先生"一张嘴，大家说，好，那就这样吧！

有一年，清华附中举办青年教师基本功比赛，学校决定将以往的文理分组改为按照高考的考试科目进行，即语文、数学、英语各自推出组内的优秀奖，政史地和理化生分别作为一个组，各自推出一个优秀奖。这样一来，许多年轻教师的机会相对少了一些。教研组长会议上，好多学科的教研组长也不太能接受。就在大家各执一词的时候，当时分管教学的副校长征求崔琪老师的意见，"崔先生，您是赞成一个组推一个学校一等奖呢，还是分文综和理综，各出一个？"崔老师想了想，说咱们就按照高考来吧，文综和理综各一个。接着，她又对争得面红耳赤的学科教研组长们说道："我觉得，现在要颠覆学校这个计划已经没有可能了，应该考虑的是咱们综合组内部怎么合作共同来解决这个问题。"就这样，评奖的事情得以解决，"崔先生"的称号也不胫而走。

崔琪：用语文锤炼学生的思维品质

　　清华附中一位语文老师说过一段话，对"崔先生"这一称呼做了很好的诠释："先生"一词，是何含义？也许是博学，看一看崔琪家中十二个大书柜就可以知道；也许是大气，领教一下崔琪干练、不拖泥带水的警察作风便会深有感触；也许只是玩笑，因为崔琪真的很有童心，不爱生气，大家喜欢和她开玩笑。但无论如何，叫"崔先生"，还是有点特别的味道。

思想：

给学生终身受用的东西

一名战斗在前线的士兵，在战斗激烈的时候，根本无暇去想为什么要打这一枪，放这一炮。只有在战斗的空隙，才会有一些战士做这样的反思，长期的反思和积累就形成了一套想法，这套想法就成为这个战士的军事思想，这个战士也因为有一套军事思想而成为一名有思想的士兵。战争一旦结束，他就能脱颖而出。如果有机会再去军事院校学习系统的军事理论，他就有可能成为军事家。

教师的工作正像进行一场激烈的战斗，一场和那些阻碍学生发展的消极势力相较量的战斗。为什么要教这一课，为什么要让学生背诵这一段，对于这些问题，教师并不是任何时候都会往深处去想的。如果"战争"不停歇，他们就无暇顾及。但总有些人会反思，会积累，让自己的思想在不知不觉中变得深刻。有朝一日条件成熟，他们就能成为有思想的教育家，我们熟知的苏联教育家苏霍姆林斯基就是这方面的典范。

崔琪当然不是苏霍姆林斯基，但她也像苏霍姆林斯基一样是个勤于反思、勤于积累，始终战斗在教学第一线的优秀教师。在她朴实精湛的教学艺术背后是深刻的教学思想。这些深刻的教学思想，在她的教学实践、发表的论文和我们的访谈中，就像埋藏在沙子里的金子一样闪烁着，吸引着我们去筛选、去收集。

一、语文教学的核心目标——
注重培养学生的语文素养

崔琪是改革开放后北京师范大学中文专业的毕业生。系统的专业训练让她对语文教育的思考处处闪烁出思想的火花。在她看来，语文教育的核心目标就是要提升学生的语文素养。它一般包括语文知识、语言积累、语文能力、语文学习方法与习惯以及思维能力、人文素养等。其中，语言素养和思维品质的培养是崔老师最为看重的。学生的语言素养是学生素质水平最具体和直观的体现，而思维品质是学生素养在最一般层次上的内在表现。抓住了这两个方面，也就是做到了内外兼修，对整体提升学生的语文素养具有决定性的意义。

1. 坚定学科信念，提升学生语文素养

崔琪经常跟人说起一个特别典型的例子。那是一个两岁的小孩，妈妈带着他在校园里玩儿。清华校园里的风景特别美，可那个小孩一路走下来根本不去看风景，也不说这花儿开了，那芽儿绿了，而是拿一块白灰的石头刻在地上算题，什么 $1+2$，$2+3$……算完了就说，妈妈，题都做完了，再出一些吧！

在崔琪看来，这样的孩子即便将来某一方面成就斐然，还是会让人担忧。因为一个完整的、完善的人格修养当中，基本的语文素养是不可或缺的，一个对真实生活置若罔闻的人是不可想象的。面对着生活中的善恶美丑，无论张嘴还是下笔，无论高兴还是愤怒，都要知道应该如何恰如其分地表达，而且能让自己的表达让人感觉像那么回事。而语文教学的首要任务，就是让学生具备"听""说""读""写"这些最基本的语文素养，能够有效地沟通与交流。其次，语文教学要在学生的思维品质、人格修养以及文化素养上有所成就。崔琪说，高中阶段的语文教育应该让学生能够对一个问题进行充分的理解和全方位的思考，拥有一个完整的思辨以及反复推敲的过程，最后能够清楚地将思考表达出来，并写出负责任的东西来。一节真正意义上的好课，就是要让学生能够有收获、有思考，这里面可以有缺点、有问题，但是要使学生确实在读书、在理解、在思考。

谈到现在的孩子，崔琪忍不住又打开了话匣子，言语中透着深切的爱护与关注——

"现在都是'90 后'的孩子，一天到晚想的尽是什么恶搞，什么颠覆，总是希望自己的行动能够对以往形成一些批判，你看那些非主流的文字、图片、装饰什么的（就能体会到这一点）。另外，这一代孩子比较'独'，心中的自我太多了，不太关注社会，关注他人。所以，有时我一生气就说，你们要这样表现，我就不爱你了。学生赶紧说：老师，您得爱我们。如果高三交作业，我就会说今天我爱谁，我就收谁的作业，学生马上说：老师您也爱我吧。学生很敏感，本来不爱交作业的

同学一听老师爱他，也赶快交。反正我比他们父母的年龄大很多，怎样说也没关系。但年轻时，就不敢'胡说八道'。人说你比我大几岁呀，没这资格，现在是到了可以比较'放肆'的年龄。

"他们这一代人，背景是比较苍白的，肯读书的人不多。即便是清华附中的孩子也有不好读书的。比如讲《烛之武退秦师》，说到春秋时各国混战的这一段历史，在以前，如果我们讲到秦和晋还有郑之间有过怎样的瓜葛，怎样的联系时，肯定有不少学生都能够说出一点点，知道一点点相关的故事。但是现在给这些孩子讲，他们说：不会，全不知道。老师你讲吧，我们都听着呢！再比如，讲《红楼梦》里的《林黛玉进贾府》，也是一篇老课文了。它要求学生在读《红楼梦》的基础上，通过这一课来了解《红楼梦》，用意很好。但是你在给他讲《红楼梦》的时候，学生对其中的人物关系并不了解，他们就会问，老师这是谁呀？那是谁呀？你一看他的背景和积累，明显感觉就不够。总之，现在学生的背景和以前不一样了，以前的那些小孩比着读书，现在的小孩是比着享受。另外，现在的孩子可能还受到很多的限制，以前课余的时间玩一会儿电脑，搞一些设计，家长认为这是小孩聪明的表现。现在学生如果回家以后打电脑，家长会认为孩子不务正业，会认为是在玩物丧志。如果你拿一本什么闲书来看，家长就会说，不如多做几道题来得实惠。

"我当然不是把责任推给家长，但是这一批家长确实眼界差了一些，他们觉得能对付高考、能让孩子考一个好分数就是最大的成就，但很少为这个小孩作长远的考虑。比如，有关孩子这一段学习对他的人生将打下怎样的基础之类的问题，他就不会去考虑。所以我们老师现在面对的孩子其实是先天不足，从这个角度来讲，语文教学就显得更难，当然我们绝不会因此后退一点。该做什么我们还是会去做，包括让学生写论文，做作业，练书法，表演课本剧、做报纸设计什么的，我们这些都要做。

"如果说只让学生抓成绩，也不是不可以。但是一想到学生一生最珍贵的这几年，就这样过去，也真是于心不忍。如果学生在中学的时候就让他钻这一点点，那他就等于是一片贫瘠的土壤，先天就营养不良，怎么能成为人才？而且，如果说学生知识上有哪些不足，这还可以接受，但是语文学科本身就是教学生如何学习知识，并利用已有知识去获取新的知识，现在只教书本和考试要考的知识，学生又怎么能举一反三呢？这不是单凭语文学科能解决的问题，但确实是语文教师在教学过程中发现的重要问题。我们真的很困惑。"

事实上，崔琪的困惑也正是现在诸多语文教师心中的困惑。对于当前语文教育中存在以成绩为取向，进而导致学生知识面窄、品德缺失、学习能力较差等问题，崔老师表示出了深深的忧虑。面对问题，是退缩不前，还是披荆斩棘？透过崔老师对学生充满关注和爱护的话语，我们看见了一位语文特级教师对于育人事业的执著。正如崔琪说的那样，"该做什么我们还是会去做"。语文教学的目的，不仅是要学生掌握语文知识，而且还要培养学生的智力、能力。面对诸多学生的"非主流"现象，崔琪提出通过语文学习对学生进行思想品德教育的重要性。同时，语文教学也给美育提供了丰富的形象因素和情感因素。在语文教学中，智育、德育、美育应该并举，以智育为中心，渗透美育和德育，水乳交融，真正实现读书与做人并重。当前语文学科教学存在的诸多问题，并不是由语文学科自身造成的，但解决这些问题却要依靠语文学科自身的内在规定性。在这一点上，崔琪一直坚持并实践着。

2. 注重古典文化，促进学生人文性养成

人文精神是对人的终极关怀，体现了人类的道德情操、人格精神、生存状态，关注的是人生的价值与意义、人与社会、与自然之间的本质联系，人类的安全、发展与命运等。而语文课本的篇篇文章都蕴涵着丰富多彩的文化内容，无不富有人文精神。在众多篇章当中，文言文作为一类特殊的文章，积淀了民族的睿智、文化、精神，并集语言学、审美学和精神哲学为一体。可以说，文言文是促进学生人文素养养成的长效的营养剂。在这方面，清华附中有着许多理论和实践上的经验。

崔琪向我们介绍说，清华附中有大量类似"强制"的文言文背诵，让学生受益匪浅。这其实是一项始于9年前的教改实验，但后来基本上只有清

华附中一所学校坚持下来了。

清华附中选用了周正逵主编的人教社高中语文实验教材。这套教材按照高一文言、高二文学、高三文化的系列编写。高一学生一学年的语文学习要在背诵朗读中度过。清华附中在 2000 年开始使用此教材，最开始学生不理解也不习惯，因为之前中考中对文言文的考查量很少，绝大多数学生缺乏这方面的基础知识，并且，中考考查的文言文，也主要局限在教材内的文言文选段上。一般在初中阶段，文言文内容只占授课内容的 10% 左右，在这种情况下，清华附中搞文言文背诵的实验，自然会让很多学生和家长都不理解，学校面临着来自多方的拷问。

首先面临的最实际的问题便是时间问题。课下背诵文言文要占用学生一些时间，等于跟数理化学科争时间，家长担心影响其他学科的学习，而一些其他学科的老师也不理解。其次，从教学来说也有相当难度。开始这个实验的时候，有五所中学参加，一年后就有两所退出了，到后来就只有清华附中在"孤军奋战"。但经过五六年的学习，崔琪和"战友们"发现，最终受益的是学生自己。选编的很多文言文蕴涵着我国民族崇德重义的价值取向、自强务实的人生态度、见贤思齐的理想人格、乐善好施的道德规范、见义勇为的做人品性、忠孝两全的基本尺度、礼仪修身的伦理准则……通过大量的文言文学习、理解和背诵，学生的人文精神受到潜移默化的影响，学生的综合素质也有了明显提高。从外化衡量标准来看，大量的文言文学习，其效果也很明显，一是考试成绩好，二是作文竞赛水平高。学生通过大量背诵，吸收古典文化与语言的精华，语言好，有见解，在作文竞赛中也就容易获奖。

此外，很多清华附中的学生原本比较重理轻文，有比较严重的偏科现象，文言文背诵实验是对此种弊端的一个纠正。通过背诵文言文，学生开始专注于了解传统文化，在坚持长期背诵文言文的过程中，学生们普遍提高了文科学习能力和语言文字功底，这就为学生全面、均衡的发展打下了坚实的基础。

3. 注重思维能力的训练，培养学生逻辑性

教师在注重通过语文学科去培养学生人文性的同时，不应当忽略其自身

的工具性意义。语文学科的教育任务，除了要通过学习前人创造的智慧，借以激发、培养学生人文性，还要注重发展学生的注意力、观察力、记忆力、想象力、思考力等，其中思维能力是核心；注重语文学科的工具性还体现在让学生学会正确的思维方法，如分析—综合，比较—分类，抽象—概括，具体—系统，归纳—演绎等；培养以创造性思维为重点的形象思维、抽象思维、直觉思维、辩证思维等，进而形成学生良好的思维品质，如思维的灵活性、广阔性、深刻性、逻辑性等。

在崔琪看来，在日常的教学活动中，思维训练应当是语文教学中不可或缺的一环。乍一看去，思维能力似乎更多地与理科教学有关，特别是在眼下，语文界"人文性"大行其道，许多语文教师大都强调情感的重要性，好像一堂课一定要让学生感动到流泪才算成功。反观之，对学生的思维能力的培养往往被人遗忘在一边。崔琪则不然，她提醒我们要注意思维能力培养的重要性：

"我给高一学生上课，刚开始时还挺高兴，但上到第三节课时，我就跟学生板起脸来了，那节课给他们做练习，我分析了一个小的阅读段落，讲它一共有几个答题点，分别是从文章哪些地方看出来的，并要求学生在答题的时候应该关注这几个点，把这几个点说清楚。但学生听完之后接着问我，标准答案是什么？我当时很生气，我说：语文很少有标准答案，尤其是阅读，你读别人的文章，无非就是把作者要说的话变成你的话，再转述出来，或者弄清楚作者要说的话一共有多少点，就是这些。我现在教给你的是怎样读这篇文章，文章的哪些地方显示了作者的情感和思想，我们在分析这些情感和思想的时候应该怎样把它归类，最后，我们应该怎样简洁地把它表达出来，这就是阅读。如果这样之后还问标准答案是什么，那我就觉得很生气。当然，这个不能赖学生，这也绝对不是语文一科能够承担的问题。学生根本就没有分清楚社科类和理工科的区别，对于理科而言，每一次做题实际上就是证明一个别人已经知道的真理。但是语文不是，它是在训练你的整个思维能力。"

崔琪的话语中流露出了对培养学生思维能力的关注。语文学习不是照葫

31

崔琪：用语文锤炼学生的思维品质

芦画瓢，而是通过语文教学活动的延伸，让学生在学习过程中能够总结出规律性的认识。例如，怎么样把学到的语文知识或情感、思想等归类后，再用简洁的方式表达出来。这种对学生分析—综合，归纳—演绎思维能力的培养，是语文教师在教学过程中应该注意的。

除了在语文教学中注重学生思维能力的培养，崔琪还极有勇气地提出了"训练"这一主张。中学语文教学里的"训练"是一个有趣的字眼。它的有趣，不在其本身，而在于社会对它的反应。在一段时间里，它风靡一时，之后它又成为攻击的对象。但事实上，语言的特点本身就决定了人们只能在语言的实践当中来学习语言，不亲自实践是绝对不行的，训练的意义也正是体现于此。当然，那种复习资料满天飞的方式不是真正意义上的训练，崔琪所倡导的训练，让清华附中这批擅长理科的孩子们终于对语文也萌发了兴趣，觉得在语文课上也可以有话可说。

比如，崔琪会设计一些仿写的任务，针对某一事物一正一反两方面各说一段话，表明它的特性。类似这样在语言修饰层面上开展的思维训练，不仅有趣，而且也和其他学科的思维训练有所区分。再比如，当学生们学完那篇著名的《在马克思墓前的讲话》和海明威的《老人与海》之后，崔琪在网上碰巧看到一个介绍海明威的材料，说他的墓碑到现在还是空白的。于是崔琪就号召全班同学，为海明威写一篇墓志铭。这同样是训练思维一个很重要的途径，可以称做模仿。它既是语言教学，又是语言训练。这个训练激活了学生的思维，使其不再局限在刻板的、僵化的知识里面。学生在动手写作的过程中真正掌握了墓志铭的写作要求，进而对海明威的一生有了更深入的思考与了解。

当年我国著名语文教育专家章熊老先生知道了崔琪的这些尝试，曾这样夸赞她："言语训练，学生思维搞活了，接着再让它趣味化，语言化。虽然这个过程还有待进一步探讨，但是它开辟的路使得学生活跃了，高兴了，让学生有话说。总之，崔琪做得很不错，我想这跟她的经历有关系。她当过警察，当过侦察员，然后又回过头来念书，这样一个经历使她容易产生一个新的思想，容易产生新的理念。"

崔琪：《利用心理环境，扩大活动领域》节选①

因势利导　创建心理环境

心理环境是激发学生写作潜力的重要条件，它的出现往往是随机的，稍纵即逝。教师需要具备相应的敏感性，善于捕捉时机。如果没有适当的氛围，教师也要善于营造、创建这样的环境。

学生学过《在马克思墓前的讲话》《五人墓碑记》以后，我在网上看到这样一条信息：

2001 年 1 月 13 日，海明威短篇小说《老人与海》中的主人公原形——富恩斯特去世，享年 104 岁。第二天，世界上有 27 家网站出现了这么一个问卷：有一个人，他几乎什么都有。论地位，他是享誉世界的大师级人物；论荣誉，他是诺贝尔奖获得者；论金钱，他的版税在他成名之前就已使他成了富翁；论爱情，几乎每一个女人都喜欢、都愿意为他奉献一切。在他的国家他享有充分的自由，他爱到哪儿旅游就到哪儿旅游，哪怕是敌对的国家。总之，他是一个令世人非常羡慕的人。可是，在他获奖后不久，却用猎枪结束了自己 62 岁的生命。而他的一位朋友——一个靠出海打鱼为生的渔夫，却悠然地颐养天年。请问，为什么一个拥有一切的人选择了死亡？而一个一无所有的人却选择了活着？假如你已经知道了答案，请发给我们，我们愿把它刻在这位诺贝尔奖获得者的墓碑上，因为他的墓碑至今还空着。

恰好学生课外读过海明威的《老人与海》，我立即将这则信息出示给学生，要求他们完成海明威的墓志铭，正面碑文与反面碑文分开写。

这次习作应该说是一次丰收。下面举一些学生习作的例子。

①正面：伟大的文学家海明威葬于此

背面：思考使他痛苦，怀疑使他绝望——他选择了死亡。愿他能如

---

① 章熊，张彬福，王本华. 中学生言语技能训练 [M]. 北京：人民教育出版社，2005，677 - 688.

愿以偿得到安宁。

②正面：他得到人人渴望的，却放弃人人拥有的。

背面：一无所有的人顽强地活着，因为他知道明天不会更糟，也许会变好，他还有希望；

应有尽有的人放弃了生命，因为他以为明天不会更好，也许会变糟，他已失去方向。

③正面：我曾经与命运抗争，一次又一次战胜了它。

背面：我现在选择漠视它。

④正面：成功的成功者——海明威

背面：他是一个成功者，无人可以否认，但他还是成功者中的成功者。因为在他获得了一切之后，敢于去触摸那唯一一件他没有做过的事情——死亡。而其他所谓的成功者却未必有这个勇气。

⑤正面：伟大作家海明威之墓

背面：此人拥有一切，却无法从这一切中获得快乐。

⑥正面：他拥有一切也失去了一切

背面：并不是拥有一切的人才快乐，但拥有快乐的人却拥有一切；每个人对生与死有自己的选择，我们不该评论什么。只有告诉过客：这里陨落了一颗非凡的灵魂。

⑦正面：当一个人拥有的事情越多时，他要承受的痛苦也越大。

背面：我，一个拥有一切除了快乐的人。

⑧正面：不知在扣动扳机的那一刻，他，在想些什么？

背面：曾经，我想用口与他交谈；现在，我只能用眼睛了。

⑨正面：金钱、地位、荣誉、利益，在我的生活中日趋膨胀着，挤走了体内的那份灵动、脑中的新鲜感以及快乐。血液就要凝固，思维即将停滞，这个世界对我而言已无任何意义，请不要为我的离去而感到悲伤，那将是我最好的归宿。

背面：朋友们，不要步我的后尘，记住：平平淡淡才是真。

……

也有学生写的碑文比较长，限于篇幅，只选一篇为例。

正面：最幸福的可怜人

背面：海明威墓碑记

海明威，一位伟大的作家，创作了一位不朽老人之后，背着海浪般澎湃的鲜花与掌声，将冰冷的猎枪对准了自己的身体。一个令世人敬仰、羡慕的人就这样结束了自己光辉的岁月。

世界震撼了，最幸福的人——海明威。他被诺贝尔奖的光芒笼罩着，被所有人赞赏的目光注视着，被朋友的关怀包围着，被众多女人用爱浇灌着，他还有什么不满足呢？还有什么可烦恼，以至于自杀呢？

他太幸福了，事业如日中天，家庭日渐完满，还有什么可追求的呢？身居高高的巅峰，他再也找不到目标了，厌烦了世间的吹捧、夸耀，他向往安静和自然的生活。伴随着荣誉、夹杂着巨大的压力，没有了追求，他前进的路堵塞了。因此，他选择了放弃，抛开尘世中的一切。的确，他终于放松了下来，安静了下来……

再伟大的人，再完美的人也受不了没有追求的生活的折磨，承受不了排山倒海般的赞美。正如一座美丽的花园，长久不拔草修葺，也会一天天荒芜下去，海明威的心灵花园荒芜了！世人往往羡慕成功的人，想尝试飞起来的快乐感，但人们也应理解，长久失重，漫无目的飘荡、如同行尸走肉般的生活，该有多么难熬。

最幸福的人，最可怜的人——海明威。他到结束生命时也能那么让人震动，让人深思。细想良久，其实这不正符合那位不朽的老渔翁的性格吗？或许这部《老人与海》真的有自传性质，而海明威实际有着同老渔夫一样的思想。

安息吧，幸福却又可怜的人，放开你拥有的一切，一无所有不也可以快乐吗？上帝会怜爱你的，世人会将你铭记在心。

课内外阅读给学生提供了思想材料，海明威和富恩斯特两人相互矛盾的人生经历引发了学生的思考，他们所抒写的是各自不同的人生感悟，墓志铭这种形式激起了他们的兴趣……很明显，这是多种因素共同作用于学生的结果。心理学有所谓"合力点"，指的是多种心理因素叠加在一起的时候会产生特别强烈的心理效应，这就是我们所期盼甚至刻意创建的心理环境。

二、"口头作文"——口语交际教学的新方式

口语，是人们交际中不可缺少的一种语言形式。口语交际能力需要经过大量反复的训练才能获得。而口语交际教学则是语言的起点和基础，它不仅可以培养学生良好的口头表达能力，而且对学生阅读、写作能力的提高也起着积极的促进作用。语文课程标准要求教师有目的、有计划地培养学生的口语交际能力，从"现代公民的必备能力"的高度来认识口语交际能力的重要性。那么，如何提高学生的口语交际能力呢？崔琪通过多年的语文教学实践摸索出的"口头作文"或口语交际训练法，应该说是一种有效提高学生口语交际能力的办法。

多年来，在语文教学中注重培养学生的口语交际能力一直是崔琪的兴趣所在。在崔琪看来，人与人之间的交流最重要的首先是听说，一个输入、一个输出，读写来得相对比较慢。她发现，很多学生有张嘴说不出话来的问题，所以崔琪从自己当班主任的第一年，也就是 1984 年，就对学生开始了口语训练。从语言的训练入手提高学生对生活的感悟能力、对事物的分析能力以及对信息的获取能力。

> "我带第一批学生时，从高一开始对他们进行口语训练，就是上口头作文课，……语言训练是双赢训练，既可以提高作文分数，也可以提高语用的分数。"

课堂上，教师将一个作文题目布置出来，学生首先要审题，思考文章的题目应该怎么拟，第一段、第二段、第三段各自应该写什么东西。然后，学生在全班同学面前把自己头脑中的框架说出来，尽量做到表达完整、出口成章。说完了，大家一起来评，看他对材料的审视是不是准确，主旨有没有问题，前后文能否呼应等。经过这样的准备工作，学生心里已经大体有数，自己再回去写作文，容易犯的一些通病就可以得到避免，师生都可以少走很多弯路。"口头作文有一点好处，就是当场解决问题，无论说得好还是说得不好，当场就能够评判。此外，由于口头作文往往可以设定不同的语境，这就要求学生根据不同语境，按一定逻辑来表达自己的思考，从而给学生提供了一个提升口语交际能力的良好机遇，同时对克服学生自卑心理，树立自信心都会有积极影响。"

通过多次的实践观察，我们发现，崔琪经过不断摸索而日渐完善的"口头作文"式口语交际训练法，虽然难度较大、综合性强，但在实际运用过程中，其效果还是非常显著，深得学生们喜爱。"学生们还是很喜欢这种形式的，经常就某个话题讨论成一片，没完没了，我不得不立刻停止讨论活动，不然占我的课时太多了！不过，虽然课时比较紧，这种口语技能训练还是要坚持的。因为它的效果非常明显，我有个学生，高二时获得第二届'雷达杯'竞赛冠军，那个孩子跟我说，因为从高一以来每节语文课都要练习口头作文，时间长了，无论是有准备的演讲，还是无准备的课堂发言，他都不怕。所以在最后演讲比赛的环节里，他就比别人显示出优势来，最终得了冠军，这件事让我特有成就感。包括现在，我看我们的学生说话的时候都很流畅，尤其是像有记者采访之类的时候，学生在那落落大方地去跟人交流，还能做到简单、明白、比较流畅，我就觉得挺得意的。"

"口头作文"式口语交际训练法能够取得成功，应该说并不是偶然的，在某种程度上，我们可以说，这种教学方法符合学生思维发展的一般规律，它顺势而为，有益于提升学生口语交际质量。口头作文在训练口才的同时，对学生的构思、组织内部语言能力，逻辑思维能力，语词编码能力，表情达意能力等都是很好的锻炼。当学生说话时，内部言语转化为外部言语。内部言语是个思维过程。边想边说，就是把内部言语迅速转化为外部言语。尽量做到说话用词准确，看法明确，说理清楚，这些都是思维品质的语言表现。外部言语是思维的直接呈现，故而听话、说话都是思维的准确性、深刻性、敏捷性、严密性和灵活性的表现。

直到今天，不论课时安排多么紧张，崔琪的口头作文课还一直在坚持着，每节课之前她会安排一个学生进行口头演讲，演讲完了有一分钟的"答记者问"活动。这种"口头作文"式口语交际训练法除了能够提升学生口语交际能力，对于书面表达能力的提升也有很大帮助。正如崔琪所说，"通过口头作文训练，学生口语表达清晰了，有逻辑了，能体现出思考性

了，同时还对提升学生的书面表达能力有很好的效果。学生文笔往往看起来更流畅了。"在这里，崔琪明确揭示了口语与书面语两者相辅相成的关系。书面语言是口语的加工形式，从语言的发展顺序看，口语领先，书面语居后。因此，可以说，只有讲好口语，才能把握住书面语。通过口头作文可以较快地检查学生的思考结果，从而促使其积极思考，有效地提高学生的思维敏捷性，有利于其书面作文能力的形成和提高，对促进学生语文整体水平的全面提高也大有裨益。

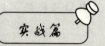

崔琪谈"口语表达与素质教育"①

　　一个人口头表达能力的强弱，与他智力水平的高低关系密切；语言表达的优劣与他的修养和素质直接相关。有的人说话很打动人，很快能引起听众的共鸣；有的人说话让人顿生厌烦之情。有人说话简洁生动，使人句句入耳；有人说话啰唆乏味，使人难以卒听。这些都说明，口头表达不仅是一门艺术，更是一种能力。

　　所谓口头表达能力，至少应该包括这样几项内容：第一，使用标准的普通话；第二，语速适中，声音顿挫有秩；第三，表意清楚准确，极少使用口头语；第四，用语得体、礼貌、幽默。

　　说标准的普通话，这对生长在北京的人来说似乎没有什么问题，但对生长在北京以外特别是长江以南的人们，就存在一个学习和训练的问题。当今社会信息量大，信息传递迅速，人际交流频繁，学生们要适应社会，必须说好普通话，这应该成为中小学素质教育的重要内容。

　　语速的快慢，直接反映着一个人大脑的反应速度。常见说话慢的学生，其智力水平往往可能较低。大量事实证明，说话越慢，越影响人对信息的获取和对知识的吸收，越影响智力的发育。聪明的学生常常

　　① 此篇是崔琪于 1998 年 12 月获北京市素质教育研究论文特等奖的文章。

说话较快，他们对身边发生的每一件事情都会不由自主地发些议论，而且在议论中总是试图"战胜"别人。这样的学生，话说得越快，传达的信息就越多，语言"纰漏"也越多，既能吸引"听众"，又能招来"论敌"。于是在演讲和论辩中，智力得到了增长。口语训练应让学生语速适中，既沉着镇静，又能快捷传递信息。

说话清楚准确，极少使用口头语是对口语表达的一项较高要求。一般说来，学生事先经过充分的准备可以做到这一点。比如，熟读直至可以背诵时，往往没有口头语；想好了再说，口头语较少。而快速构思、清楚地表达，又是学生良好素质的体现。

如果说使用标准普通话、以适中的语速来表达的能力还可以通过有意的训练来培养，那么谈吐幽默、得体、有礼貌，则仅靠"练"是不行的。因为它直接反映着一个人的学识、修养、品位和气质，即反映一个人的全面素质。这种素质只能慢慢地"学"出来，只能在浩瀚的中国文化之海中熏陶出来。不行万里路、读万卷书，是做不到的。

总之，口语表达是能力的表现，只有靠刻意地训练和广泛地学习才能逐渐提高这种能力。

中国人过去一直不太重视口语能力的培养与训练，那些"便言多令才"、出口成章的人，被称做"只会耍嘴皮子"的无用之才。成语"滔滔不绝""侃侃而谈""口若悬河"都多少带着些贬义。造成这种情况的原因，第一是因为封建社会残酷的文字狱让人不敢"信口开河"，所谓"祸从口出""君子一言，驷马难追"就是前辈留给后人的训诫。二是长期以来，中国的一些领导讲话大都"照本宣科"，其他人说话也不敢"随心所欲"。第三是由于传统的教学模式让人习惯听，不习惯说；一言堂多于群言堂；勤于文字表达，疏于口语表达。这就造成学生在语言发育的黄金时期，不能得到必要的口语表达的培养与训练。第四，是多年来我们一直未能正式地把口语表达作为语文教学的一项主要内容。

改革开放以来，中国大踏步地走向世界，人们对信息的获取和传递速度越来越快，一切都由原来的"四平八稳"变成现在的"高速旋转"。手机、E-mail、国际互联网，用最快的方式向全世界发布着最新

的消息。这翻天覆地的变化，对人们口头传递信息能力的要求越来越高，张口成文、出口成章已成为时代对人的素质的基本要求。在这样的背景和要求下，把口语教学引入课堂就成为势在必行之事。

据此想法，笔者曾用一年时间，在我校原国家教委理科实验班开设"口语课"，做口语专项训练，并取得了一定的成果。

实验班担负着为国家培养理科高级人才、探索适合理科学生发展的教学途径的任务。学生在校期间，除了学习普通高中的课程外，还要参加各种集训和代表国家参加国际奥林匹克学科竞赛。这个班的25名学生，分别来自北京、河北、河南、山东、吉林、辽宁、安徽、湖北、广西、广东、四川、新疆等地，1995年暑假入校时，这些学生都带着各自浓重的乡音。互相交流时，彼此都有听不懂处。然而，作为未来的高级理科人才，如果不能用普通话清晰准确地与人交流，不能用普通话把自己已取得的研究成果明白简洁地告诉别人，那么他们的观点和问题就很难得到承认和解答。因此，对他们进行口语训练就显得格外重要。

这一训练分三个阶段进行，每个阶段都有其预定目标和检测手段。

第一阶段，要求学生能够用普通话神态自若地当众讲话。主要训练其讲话风度和语速。训练方式是课前讲话；早读背诵诗词和古文；课堂讨论；分角色表演课文。

课前讲话，要求用普通话，声音洪亮，没有抓耳挠腮、摇晃身体等动作。讲话完，由同学们当场评论优劣。讲话内容是"介绍我的家乡""童年趣事"等。第一次上台时，不少人面红耳赤，语不成句。到第二轮时，神态就从容多了，85%的讲话博得了大家的笑声和赞许。除去所讲内容生动、同学们已彼此熟悉等因素外，讲话者普通话水平的提高也是重要原因。

早读每周两次，每次20分钟，学生用普通话背诵。内容按照中国文学史的顺序，从《诗经》《楚辞》，到唐诗、宋词、元曲，从先秦诸子散文，到《史记》《国策》等历史散文。在背诵中，学生们练习了普通话，也从那些经典篇章中受到博大精深的中国文化的熏陶。

分角色表演课文和课堂讨论是学生们最喜欢的。他们在表演中提高了普通话的水平，加深了对课文的理解；在课堂讨论中，他们学会了悉心地倾听，有力地反驳，明白地阐述。

另外，每月一次的读书汇报会和其他学科的课堂讨论，尤其是政治课的辩论和班会的演讲，也促进了学生普通话水平的提高。入学3个月后，除了从广东、湖北来的男生还带着明显的地方口音外，其余学生普通话水平都可以达到二级A的程度。从湖北来的女生在给父母打电话时，说的普通话让父母惊讶女儿的口音"像先生"。

第二阶段，要求学生说话没有口头语，想办法抓住听众的注意力。主要训练其思维的连贯性和语言的准确性。训练方式是每周一节"说话课"，内容包括评论时势、专题讨论、著名作家及作品讲解等。

学生们说话时，出现频率最高的口头语是"就是说""后来""那个""那么"。为消除这些口头语，训练时我采用了给发言者做口头语统计、最后打分的方法，得分低者受罚（唱歌）。因为要求明确而且严格，所以学生在讲话时要想尽办法避免口头语，当口头语欲出未出时，众人已经"怒目"逼视他，使他不得不有意地做轻微停顿。到期末时，学生口头语的出现率已从平均每分钟7次，降到每分钟1~2次；少数优秀者可以达到没有口头语。

第三阶段，要求学生在规定的时间内做即席发言，出口成章，说话得体。主要训练其快速构思和应变能力。训练方式是"答记者问"。学生轮流做记者，精心准备2~3个问题，然后抽签选取回答者。回答者只有1分钟准备时间，然后当众回答。回答令"记者"不满意时，还需回答附加问题，直到"记者"满意为止。学生们设计的问题，涵盖了经济、文化、政治、体育、教育等各个方面，在问答中，既锻炼了能力，又丰富了知识。

经过一学年的口语训练，学生的口头表达能力有了显著提高，不少人练得伶牙俐齿，出口成章。在年级辩论会上，他们力拔头筹；在1997年全国"雷达杯"天才少年技能竞赛中，该班两名学生分获一等奖和二等奖。当谈到获奖体会时他们说："我们在演讲比赛上占尽了优势。因为我们不怯场、无废话，语言简练、态度从容"；"这全得

益于高一时语文课的口语训练。"

实践证明，口语表达的训练对全面提高学生的素质有重要作用。学生在口头表达之前要有充分和快速的构思，要想好该说什么，怎样说；在说的时候，又要尽量避免口头语，还要根据听众反应及时调整自己的讲话内容和语调。这个过程中，他们的思考能力、信息筛选能力、措辞能力、应变能力以及表达能力都得到了有效的训练；同时，学生在辩论和讨论中还学会了倾听，学会了抓对方的破绽，也养成了严谨的思维习惯。

21世纪对人们口语表达的要求越来越高，人机对话、社会交际、信息传递等都要求人们说话简洁明白、连贯得体。"马上相逢'弃'纸笔，凭君传语报平安"成为现实。所以，将口语训练引入中小学课堂是必要的也是必须的。学生要想说得好，必须多读书，多积累，多与人交流；在阅读中丰富，在积累中长进，在交流中学习。学生说得好，写作也不会差；说得快，写作也慢不了。这样一来，听说读写四种能力就得到了综合训练，学生素质会得到全面提高。

三、"学会阅读"——阅读教学的新取向

阅读是搜集处理信息、认识世界、发展思维、获得审美体验的重要途径。通过阅读，人们能够沟通自身与外部世界的联系，拓展视野。通过阅读还可以沟通人与人之间的思想，使人得以与高尚的心灵对话，发展思维和智慧，提高人的修养和品位。阅读教学是语文教学的重要内容，教师不能单纯依靠灌输和机械训练来实现。在崔琪看来，学生必须成为真正的阅读主体，得学会读书。

1. 学生应该怎样读书

语文新课标中要求学生能"学会运用多种阅读方法"。应该说掌握好的阅读方法是培养学生良好语文素养的基点。为达到自己的阅读目的而使用正

确的阅读策略，才是会读。在某种程度上，我们甚至可以说，探索学习知识的方法比获得现成的知识更有价值。那么，通过阅读教学应该让学生掌握哪些阅读方法呢？崔琪就曾做过一个别出心裁的"问卷调查"，调查的问题包括：

> "你以前读过哪些书籍？（列出书名，多多益善）""在你读过的书中，你最喜欢的是哪些？简述喜欢的理由""在每周上课的 5 天中，你经常用什么时间看书？""如果要求你一周之内读 20 万字（相当于 2.5 本《读者文摘》），你能做到吗？""如果要求你一周之内读 100 本书，你能做到吗？"

在问卷中，"如果要求你一周之内读 100 本书，你能做到吗？"这个问题是崔琪老师故意设置的，目的是了解学生阅读的潜能以及学生所掌握的阅读方法。对这个问题的回答，有 21.5% 的人说"能""可以"；72.7% 的人说"不能""绝对不能""不可能"；5.8% 的人的回答是"不可能""没想过""开什么玩笑""荒唐"。

崔琪首先宣布了说"能"者的名单，然后分别请他们讲讲，在一周时间内将怎样读这 100 本书。不料，先前写"能"的学生，此时纷纷反悔，说"得加上一些条件"，比如，"不吃不喝不睡不说话""必须是 100 本卡通漫画""书不能太厚，必须非常薄""只能是中国现代小说，不能是古典小说，也不能是外国小说""不能要求看仔细，只能囫囵吞枣""必须在寒暑假，否则就是天方夜谭"。

崔琪有些失望，她于是问大家："同学们，你们到底想不想多看书呢？"

"当然！""那还用说吗？"

"你们是不是觉得一周内读 100 本书，根本就是不可能的？"

在一片赞同的声音过后，有一名学生站了起来说："我认为完全是可能的。"听到与众不同的意见，同学们静下来，洗耳恭听，"我看这 100 本书的提要或内容简介。"紧接着又有一人说："我看目录。"这两句话引来了同学的哄笑，但崔琪没有笑，她就此因势利导：

"读书分为浏览和精读，浏览就是翻翻看看，略知此书概要或大意即可，那么'囫囵吞枣''一目十行''不求甚解'是不是一种方法呢？在图书业迅猛发展、一年出版几十万种新书的今天，这种读书方法尤其必要。

"读目录是不是一种方法？特别是我们在图书馆借书或在书店买书时，除了看书的名字、书的作者，是不是要看看目录？这样看书可不可以呢？当然是可以的。

"面对100本书，经过读目录和提要，筛选出我们最想看的1~2本细细阅读，是不是会有很大的收益呢？这样算来一周时间够不够用呢？

"'不吃不喝不睡不说话'地读书可行吗？如果'不吃不喝不睡不说话'，身体还有保证吗？真的这样去读100本书，也许书还没读完，人就先出毛病了。这样的阅读还有什么意义呢？身体是第一重要的，失去了这个本钱，生命就失去了色彩。

"人生要有梦想。梦想自己行万里路，读万卷书，才可能朝着这个方向去努力；梦想自己每周读100本书，才可能抓紧时间；梦想自己今后成为一个杰出的人，才会发奋地去学本领。没有梦想必然就没有目标，有了梦想，人生才会有希望。"

通过用一节课做这样一个小调查，崔琪帮助高一的孩子们转换思路，借助一种崭新的阅读方法，将"一周内读100本书"这样一个"天方夜谭"变成了可以实现的目标。我们知道，对于小学生、初中生来说，阅读一般都停留在精读、细读、慢慢读的水平，而对于高中生来说，仅有这样的阅读速度和水平是不合要求的。因为学习的范围逐渐扩大、要求不断提高、进度慢慢加快、内容日渐深入，学生的兴趣也越来越广泛，这就必然要求学生学会浏览、泛读和筛选。崔琪的读书方法指导顺应了这种变化和要求，它能引导学生的阅读沿着正确的轨道发展，帮助他们有效阅读。

2. 阅读时需要遵循的几项原则

众所周知，读书的速度会在很大程度上影响着一个人对新信息的获取和吸收，也在一定程度上影响着人涉猎的范围。为了帮助学生的阅读"提速"，崔琪除了向学生们传授泛读的方法，还根据高中学生的特点做了一系列有趣有效的实验，取得了令人满意的效果。在实验中，崔琪发现那些阅读速度慢的学生，在阅读时主要存在以下问题：

第一，出声阅读，或者在心里逐字默读，因为每字必看、必读，故而限制了阅读速度，又使接收的信息过于零散，不利于理解和记忆；

第二，与阅读进程相反的来回读，造成了时间的浪费；

第三，眼睛接收信息的速度、频率与大脑处理信息的速度、频率不协调而导致注意力分散；

第四，对自己的阅读能力不自信而重复阅读；

第五，因为阅读目的和阅读效率的反差而产生的焦虑，抑制了阅读速度。

为了克服阅读方法中的这五个缺陷，崔琪为学生设计了快速阅读时需要遵循的几项原则：无声阅读，面式阅读，整体阅读和筛选阅读。

无声阅读就是在阅读时大脑直接感知文字的含义，不通过发声器官把文字转换成声音。崔琪要求学生阅读时，心不默读，手不指读，头不转读，而是用牙固定住舌头，让眼睛去扫描，扫描以句子、行，甚至以段落、以页为单位来进行。只要读文章，就明确要求限时完成，然后立即以问题的形式，检验阅读效果。

面式阅读有点像古人说的"一目十行"，崔琪要求学生读书时，眼睛和书之间保持30厘米左右的距离，在明确阅读要求的前提下，以搜索关键词语为线索，看"对角线"，并充分利用自己原有的语法知识、修辞知识、逻辑知识和与读物相关的其他知识，进行想象、联想和猜测，敏捷地做出分析、理解和判断，以便在规定时间内，尽快掌握文章的主要内容，取得理想的阅读效果。

整体阅读是一种按照一定程序对文章从整体上加以理解和把握的方法，也可以叫做固定程序阅读法。整体阅读的程序是根据不同文体的特点并结合阅读目的而设计的一套阅读步骤。崔琪要求学生熟记各项步骤及要求，并写在纸上，摆在案头，经常检查对照。在阅读的时候，崔琪要求学生按照程序规定的步骤进行，不能随意跨过程序，并在其中注意运用鉴别阅读法，排除

与要求无关的信息，使目标突出，用心专一，以保证阅读的高质量和高效率。

筛选阅读是崔琪在指导学生做课外阅读时主要采用的方法，具体包括浏览式阅读、选择式阅读和排外式阅读三种方法。崔琪告诉学生，快速阅读的方法不仅仅使用在阅读文科书籍上，只要是"开卷"，都要自觉地使用这几种方法。只有平时有意识地自觉训练以及在语文课上做强化集中训练，才可能逐步提高速度。

经过两年的训练，学生们的阅读速度果然明显提高，在这些学生进入大学后，他们更感受到这一提高所带来的好处。别人看一本书，需要两三天时间，而他们却可以在快速筛选后，选择出最有用的书，用半天或一天时间读完。当他们谈起自己的高速阅读时，都认为这是得益于当年崔老师在语文课上对自己所做的速读强化训练。

3. 学生如何进行课外阅读

除了在阅读方法上给予指导，崔琪对学生的阅读内容也非常关心。崔琪经常鼓励学生在学习好课本内容之余进行一些课外阅读。课外阅读是以课本外的读物为学习材料而进行的读书活动，学生通过这样的学习活动，可以开阔视野、丰富学识，进而培养创作的灵感。大量的课外阅读还能够使学生感受到语言文字的优美，获取并积累丰富的语言素材，形成良好的语感，使自己的语言变得生动活泼、条理清晰，从而改变写作时语汇贫乏，思路不清等问题。应该说，课外阅读是语文阅读教学很重要的一方面，有着自身独特的教学意义与价值，语文界对此也早有共识。但是，学生读什么，选择的标准是什么，却是让许多语文老师困惑的问题。崔琪对此的一些想法和做法值得我们学习。

首先，她不赞成学生阅读过多的流行图文读物：

"我不是很喜欢，那些东西很浅，一大本书，彩图有好几个，中间就这么四五行文字。就像顾城说的，你看我很远，我看你很近。我认为只能过眼瘾但并不能使学生的思想变得深刻。另外，我得带着学生学习典范的文章，老师不能随便跟随这样那样的风潮。我一般都是在正面引导，我说你们要写好高考作文，得看一些有思想的文化散文。所以我会给他们推荐余秋雨等作家的作品。我说，你们大体可以这样来排列：最浅层的是刘墉，之后是毕淑敏，再往上是余秋雨，再往上是梁衡……这些作家的作品都是属于对现实比较贴近的，是对现实的思考。如果接下来再想找和你们叛逆性格相吻合的，你们可以读一读王小波的书。我都是这样来引导的，学生一般也还是比较认同的。"

应该说，高中阶段的学生已经或多或少形成了他们自己的读书习惯，他们往往偏爱于某一类或某几类读物，很少有学生能够真正意识到选择好课外读物的作用。在这种情况下，教师的引导和纠正就显得尤为重要。一本书，无论它是文学作品、科学读物还是哲学著作，都有其自身的可读性，也都有其独特的价值。但对于高中阶段的学生而言，其价值的大小，又是不一样的，这需要考虑到他们的理解力与感受力。过于肤浅的读物对学生而言没有发展价值，而太深奥的读物学生又难以理解。面对这种情况，就需要老师及时引导，结合学生的身心发展特点以及学生的个人兴趣，帮助学生选择并制订读书计划，从而起到事半功倍的效果。

教师指导学生选择阅读课外读物需要有一定的标准。高中学生阅历不深，还比较缺乏对真善美和假恶丑的辨别能力，比较缺乏对形形色色的腐朽思想的抵制力，易受影响，甚至沉湎其间难以自拔。一本好书可以擢拔一个人的精神层次，而低级读物则可以毁坏一个人的德性情操，这是不可不慎重对待的大事。一般来说，在介绍优秀读物时，一要强调教育性，推荐对青少年有教育意义的书刊；二要强调开拓性，所推荐的书籍要有助于开阔学生的视野，增加学生的见闻，使其从未知走向已知，从知之较少走向知之较多；三要强调鉴赏性、趣味性，寓教于乐。指导课外阅读最好是管而不死，活而不乱。既要端正方向，又要适合学生的年龄、心理特点；既要有规矩，又要有自由选择的余地。差不多每年崔琪都会给学生推荐一本好书，谈到选择的标准，她这样对我们说：

"一个是说它有内涵，一个是说它有文采。比如说这几年我看了几本书，一本是《狼图腾》，我就很负责任地给我们的学生推荐这本书，

一方面是它很真实地再现了狼的生活，另外这里面提出了很多值得人类思考的问题，从对生命的呵护，对食物的分割，包括对抵御外来侵略的这种整体协作性，人好像还不如狼呢。所以我说这个小说挺好的，希望大家都去看。再比如，去年我给他们推荐的是卞毓方的那本《季羡林——清华其神，北大其魂》，我跟学生说那本书有两点特别值得去读。第一点，中学语文课文当中学过的精彩的名言警句在那本书当中全都出现了，你们可以去找，学生就挺高兴的。第二点，这本书将季羡林作为一个学子、作为一个学者的那种真实境界和他高尚的道德品质都写出来了。"

除了指定和推荐书目，崔琪还会想方设法在课堂教学中引申和拓展，比如，每次课后给学生留一个尾巴，激发同学们的阅读兴趣，让有兴趣的孩子可以继续深入下去，扩大阅读量。当崔琪讲完《廉颇蔺相如列传》，她启发学生说，将相和之后，廉颇和蔺相如一文、一武保卫着赵国，但为什么后来又被秦国灭了呢？这个问题你们可以去读《史记》。再比如，讲宋代四位词人时，崔琪告诉学生，所有词人当中如果称得上英雄的，只一位就是辛弃疾。学生们觉得好奇，英雄还能当词人，于是课后便开始看相关的内容。崔琪又说，李清照可是女性知识分子杰出的代表，结果女孩子们下课都看起了李清照。

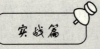

实战篇

主题班会：今天我们该怎样阅读

为了更有效地指导学生们的课外阅读，崔琪曾专门组织名为"今天我们该怎样阅读"的主题班会。她把全班同学分成三组，指导学生围绕"读什么书""用什么时间读书""怎么读收获最大"三方面话题搜集资料，然后请学生就资料呈现的信息和个人的思考进行全班交流和讨论。

主题班会的全过程实录如下。

讨论一：我们该读哪些书？

班长首先宣布班会的主题，他说："书是人类的朋友。古人说：'万般皆下品，惟有读书高'，'书犹药也，善读之可以医愚'。（西汉·刘向）今天我们说，书籍是人类进步的阶梯。'读一本好书，就是和许多高尚的人谈话。'（歌德）前人的智慧和经验用书的形式传给了我们，我们从中得到了信心、勇气、力量和启示。那么，处在世纪之交、进入知识经济时代的我们，今天该读些什么书呢？"班长的话引来了热烈的讨论：

——读文学名著，因为名著对于表现人生具有最深刻的揭示和最精彩的描写，读文学名著，可以提高我们的文学修养、作文水平，还可以帮助我们理解人，懂得珍惜生命。

——读自己喜欢的书，因为只有自己喜欢的书，才有兴趣去读，才好读，才能读懂。

——不少同学喜欢的书，是卡通漫画，这样的书可以读得很多，但没见它对提高我们的阅读能力有什么好处。"读自己感兴趣的书"，这话虽不错，但还是读有一定深度、一定文学价值的书才会有意义。

——读新书，因为新的书总是代表最前卫的见解和观点，最能反映时代的脉搏和变化。读新书，可以及时补充自己、开阔自己，这样才跟得上时代的步伐。

——我找到了一篇毕淑敏写的《择书秘诀》，她对读新书提出了自己的见解，我认为很有道理。我们现在还不成熟，对图书了解太少，所以应该读老师和家长推荐的书，读同学们交口称赞的书。

——我从互联网上得到这样的数据，可以支持"少读新书"的观点。就是如果一个人一天平均读 3 万字，那么他每年可读 1095 万字；假如他从 10 岁开始读书，读 60 年，那他一生可读 6.75 亿字；如果以 20 万字一本书来计算，那他可读 3285 本书。有人能力可能强一些，但也上浮不了多少。

而在 1995 年至 1996 年两年中，中国 500 多家出版社共出版了 12 万种新版图书。在这么多的新书中选择优秀作品，对于我们这些中学生

来说，无异于大海捞针，浪费时间。人生如此短暂，生命如此宝贵，我们不如把有限的阅读机会用于诵读真正有价值的传世之作，所以明智的做法是远离新书，不读新书，少读新书；多读旧书，多读经典，多读再版书。

——我也支持读经典的观点。美国哲学家爱默生说："出版未满一年的书，不去看它。没有获得高评价的书，不去看它。自己不喜欢的书，不去看它。"莎士比亚说得好："没趣的事有何益处呢？"所以嘛，就选你最喜欢的书来阅读吧！

——我给大家介绍几个我喜欢的可供在线阅读的网站，如果你能经常上网阅读，可以省去一些到图书馆查找书籍的时间。我把这几个网站的主页、网址、特点都复制在下面这张纸上，便于大家记录。（该生推荐的网站略）

这位同学的介绍和"页面展示"博得了大家的掌声。

最后班长总结道："经过同学们的热烈讨论，我们已经清楚了该读怎样的书，这就是读与自己专业相关的书，读师长朋友人人称赞的书，读脍炙人口的文学名著，读经典和再版书以及可以让自己得到补充和提高的书。"

讨论二：用什么时间读书

第二次讨论，崔琪自己做了一个主题演讲。她说：

21世纪对人的素质的第一项要求就是阅读和写作能力。阅读是人们认识社会和大自然的最主要方式，也是我们生存的必备本领。在工作繁忙、学习紧张的今天，用什么时间读书，是我们每个人共同关心的事情。我个人的体会是细碎的时间用来读英语，记单词和句式，或记一些成语典故；整块时间用来读小说、读学术著作。总之，要抓住所有属于自己的时间，多读书。讲完这段话，崔琪为学生们朗读了《读者》里的一个小故事：

大学四年级下学期，在谢师宴上，一位教授的临别赠言很短："各位同学毕业后一定很忙，不可能每天看书，我期望各位至少一年看一本好书。"

话一说完立刻引来哄堂大笑，大家认为这位教授太爱说笑：天天看书或许办不到，但是一个月看一两本好书绝对不成问题，一年下来岂不是就有一二十本了吗？

时间过得很快，三十年过去了。这一届校友聚餐，邀请了当年的恩师团聚。席间一位老教授站起来致辞："记得三十年前各位毕业前夕，我期望各位每年能看一本好书，当时引起各位大笑。今天我要问一下，毕业后每年看了一本好书，也就是毕业后看过三十本好书的人请举手。"

没有人举手，一个也没有。

这个故事说明什么问题？说明如果不有意识地抓紧读书，生命就会一晃而过。大家都读过朱自清的《匆匆》，那里说"洗手的时候，日子从水盆里过去；吃饭的时候，日子从饭碗里过去；默默时，便从凝然的双眼前过去……天黑时，我躺在床上，他便伶伶俐俐地从我身上跨过，从我脚边飞去了。等我睁开眼和太阳再见，这算又溜走了一日"。时光匆匆而过，要有充实的人生，就必须抓住点滴的时间读书，不断充实自己。

古人抓紧时间阅读，最典型的是"三余""三上"和"警枕"的故事。东汉董遇提出，"冬为岁之余，夜为日之余，雨为晴之余"，认为读书的时间要抓住这"三余"；北宋文学家欧阳修平生所作文章多在"马上""枕上""厕上"；司马光为编撰《资治通鉴》，专门做了"警枕"，以激励自己抓紧时间。

大家知道小说《围城》的作者钱锺书，他之所以成为学界泰斗，原因之一就是他酷爱读书。据说有一次，钱锺书和他朋友一行数人，一同到湖南某师范学院去任教。因为交通不便，旅途长时间颠簸，同行者都苦不堪言，只有钱锺书每日手不释卷，自得其乐。一个朋友走近钱锺书，看他究竟读什么书那样入迷。一瞧，原来钱先生正聚精会神地读英文字典。这个朋友十分不解，读字典是很乏味的，钱锺书为何有这般兴致呢？钱先生说："字典是旅途良友，上次去英国时，在轮船上唯有约翰生的字典随身相伴，深得读字典的乐趣，现已养成了习惯。"朋友不以为然："我最讨厌字典，看书时宁肯望文生义地猜，也不愿意费时费事地去查字典。"钱锺书听后略带开玩笑的口气说："你这种不求甚解

51

的态度不能用于精读。旅途中不能做系统的研究，只能随翻随玩，遇到生冷的字固可以多认识几个用法，更可喜者，前人所著的字典，常常记载旧时口语，表现旧时习俗，趣味之深有不足为外人道者。"钱先生的话，让朋友大为叹服。字典是读书人的手杖，是学人之典，看来绝非虚言。钱锺书之所以学识渊博，成为一代鸿儒，这与他的勤学与嗜读字典有很大关系。

最后，崔琪总结说："开卷未必都有益"，但"要学知识必开卷"。时间是挤出来的，我们要充分利用时间多读书，多多提高自己。《论语》中说："日知其所亡，月无忘其所能，可谓好学也已矣。"这意思是说，每天懂得一些以前所不知道的，经常复习已经学到的，经时累月也不忘记，这就称得上是好学了。我们阅读也是这样，每天阅读一点点，日积月累必有成效。

崔琪的主题演讲声情并茂，引用的故事发人深省，举的例子也很自然恰当。她的演讲让学生明白了读书需要日积月累的道理。

讨论三：怎么读收获才最大

这一次是集体讨论。共同的话题是"怎样读收获才最大"，同学们纷纷介绍自己认为有效的方法：

——我从网上找到一篇文章，叫做《不动笔墨不读书》，介绍了五种做读书笔记的方法，包括圈点笔记、批语笔记、摘录笔记、提纲笔记、心得笔记。

——我为大家介绍的是精读的方法。文章的题目叫《读书三境界》，具体包括"吞""啃"和"品"。所谓"吞"，意思是生吞活剥，囫囵吞枣，它是充满饥饿感的发奋的青春初潮的标志。"啃"指的是咀嚼消化，强行吸收，它是志存高远的人生必经之路。到了最后一境界"品"，就如同焚香沐浴，如饮醍醐一般了，它是成熟聪颖的心灵与星空的娓娓絮语。读书人多如牛毛，但大多数都停留在第一境界，仅少数不甘人生庸碌者可进入第二境界。进入第三境界，非志坚智达者不能。但能进入第三境者，必是成功地穿越了第一与第二境界的人。"吞"至其博，"啃"至其深，"品"至灵性——若无博与深，则灵性无其根本。

因此，对一般的读书人而言，不谈三境界，如能将"吞"、"啃"、"品"三字当做对待不同读物的不同阅读方法：无用的书"吞"，有用的书"啃"，启心益智的书不妨"品"——那么人生同样会受益无穷。

"吞"、"啃"二字听起来虽不够雅，但用来形容读书还是很贴切的，因为读书本来就像吃饭，落掉一顿问题不明显，落掉几顿，身体就会有反应。为了让肌体正常，让我们健康成长，我们得像吃喝一样"吞""啃""品"。

——读书要有认真的态度，我在《读者》上看到这样一篇文章，叫《请把试卷认真读完》，很有意思，也很受启发，没有认真的态度，做任何事情都不会一帆风顺，甚至还会导致严重的后果。

——有人说："善读书者，无之而非书。山水亦书也，棋酒亦书也，花月亦书也。"阅读不一定仅仅是读书，因为真理往往在字句之外。台湾作家蔡志忠先生在给女儿的《生命五百句》中写道："读书不一定要在学校读，阅读也不要围限于书本。有时候也应该阅读山、阅读花、阅读树、阅读清晨、阅读黄昏……有时也该阅读闲情、阅读寂静，甚至阅读一只毛毛虫之晨、阅读一个人……"蔡先生当然不是提倡远离校门、隔离书本，其本义在于属望天下的青少年，要开阔阅读的视野，拓宽学习的途径；要广泛接触书本之外的大千世界，去阅读自然、阅读社会、阅读人生。因为"知识可以从书中摘采，智慧则要通过自己的经历去获取"。所谓"人生处处皆学问"，不知道大家注意过没有，在北京大学考古系博物馆门前，有一座日晷，方形的石柱上面刻着"仰观于天文"，背面是"俯察于地理"，左右则写着"远取诸物"和"近取诸身"。这短短的 18 个字，就把做研究的方法论全部包括了。其实这种做学问的方法和中国文化一样古老。人们一开始就是在自然中寻找智慧，今天的科学家也如此。寻找的方法就是读：精读、细读、大读、通读……读自然，是要从自然中读到智慧。

——民主人士李公朴说，读书有三条路，一条是读活书，就是多读言之有物、生气勃勃的书；一条是活读书，就是读书要多动脑筋多思考；一条是读书活，意思是读书要联系实际，学以致用。

比如德国哲学家康德，他是位无所不通的学者，除本行外，更精于

53

地理演讲，每次开讲，讲堂外总站满了听众。德国教育部长会派人来记录他的讲稿，然后在高级官员之间传阅。然而令人难以置信的是，这位活了80岁的老人一生没见过海，也没见过山，这是哲学史上唯一没有离开故乡一步的哲学家。

康德虽没离开故乡一步，但讲起远方的地理、山脉河流、风俗人情却头头是道，使听众以为他在所讲的地方长期居住过。事实上，他只不过是看过地图、读过地理书籍和游记，他从这些书中读出了趣味，而这些趣味又为他的讲稿增添了生命力。康德称得上是学以致用的典范。

同学们热烈的发言结束了，崔琪总结说：不动笔墨不读书，用认真的态度阅读，对名著名篇要精读，在天地山川、鸟兽草木等大自然的景象中阅读，处处注意观察，时时进行思考，将已知的与新知的多做比较。此外，读书贵在有所得，贵在学以致用。如果读书不能身体力行，那么便等于不曾读书。因为不去行，便无法可以证明所求的学问是对与不对，所求的学问自然便没有用处。这些都是同学们提到的有效的阅读方法，也是古往今来文人学者所提倡的。实际上，对于提高写作能力来说，阅读也是一个很重要的基础训练方法。因此，我希望大家不仅仅满足于知道，而且能够在今后的学习和生活中真正做到。

连续三次围绕阅读来组织主题班会，可见崔琪对阅读的重视非同一般。阅读是大主题，在这个大主题下又分为三个小主题，三个主题的内容都突出了一些操作性的技巧。班会的组织形式不一，既有集体讨论，也有教师的演讲。集体讨论的时候，学生们展示的材料的质量都较高。崔老师自己的演讲也有力地触动了学生。教师的智慧和学生的智慧在活动中充分地碰撞，这种碰撞对学生的阅读态度和阅读方法都产生了积极的影响。

四、互动式作文——作文教学的新思路

《普通高中语文课程标准（实验）》（以下简称"语文课标"）明确提出，语文教学要让学生"进一步提高"记叙、说明、描写、议论、抒情等

基本表达能力"，使学生能够"努力学习运用多种表达方式"。"能调动自己的语言积累，推敲、锤炼语言，表达力求准确、鲜明、生动"，写作中能够做到"观点明确，内容充实，感情真实健康；思路清晰连贯，能围绕中心选取材料，合理安排结构"。"力求有个性，有创意地表达，根据个人特长和兴趣自主写作"，能"独立修改自己的文章，结合所学语文知识，多写多改，养成切磋交流的习惯。乐于相互展示和评价写作成果。45 分钟能写 600字左右的文章。课外练笔不少于 2 万字"。把这些理念、目标和要求加以概括，不难看出，写作教学的中心任务就是要培养学生的写作能力，在培养写作能力的过程中渗透情感情操的陶冶、态度和价值观的教育以及良好个性品质的培养。

1. 传统作文训练存在的弊端

通过作文训练培养学生知、情、意、行的重要性是不言而喻的，但语文教师在实际的作文训练过程中却又往往难以达到语文课标中的相关要求。崔琪通过总结多年的实践经验，对以往传统的作文训练提出了批评，认为传统作文训练的形式是学生费劲写，教师费劲判，一次作文，师生双方虽用功不少，但效果有限。总结起来，崔琪认为传统作文训练存在以下五种弊端。

第一，写作要求笼统概括，学生难以把握。评判作文的标准不一，学生即便按要求写作，也很难获得高分。

第二，教师评判时否定的、批评意见居多，肯定的、褒奖的意见少或没有。

第三，作文从写作到发还，周期太长，一般在 10 天或两周左右，学生早已淡忘当时写作的情形甚至写作的内容，评价效果影响甚微。

第四，学生无写作兴趣。题目不对胃口或者无话可说，自然难有写作愿望。负面评价过多，缺乏写作成就感，耗时过多，学生难以形成写作的热情和兴趣。

第五，写作水平提高缓慢。由于作文评价周期过长，学生往往在没有得到及时反馈时又投入到下一篇作文练习中去，学生作文水平难以迅速提高。

在崔琪看来，作文应是真情实感的流露，同时又不乏精雕细刻。有权威

研究表明，作家一般要用25%的时间修改手稿，而中学生仅用不到1%的时间来修改他们的作文。没有经过修改的"毛坯"，不能算是作品，更何况是普通学生的作文；而经过修改却又不是精雕细刻的文章，也难以让人得到审美享受。

对于教师来说，指导学生写作，应该既了解学生的表达水平和能力，又知道学生每次作文构思的全过程，即知道学生写什么，为什么这样写、他想写的是否都写出来了。唯有如此，才能对学生的写作进行恰当的指导。针对传统作文训练的种种弊端，崔琪老师开始了她"互动式作文训练"的探索与实践。

2. "互动式作文训练"的探索与实践

1998年，在我国全面推进素质教育的背景下，受到北京市海淀区课堂教学"三性"（自主性、活动性、创造性）的启发，参照美国中学课堂作文的经验，崔琪决心对作文课进行大胆地改革，即进行"互动式作文训练"，并进行了多次相关实践。具体做法如下。

第一步，在作文之前，明确提出写作要求。要求简明扼要，只2～3项，之后学生开始作文。作文完成后，学生同时要写一篇"写作后记"，写清自己为什么要写这些内容；为什么要这样写；哪些地方是自己最得意之处；哪些地方想写没写出来；哪些地方写得不顺手或不知该怎样写，然后交给教师。

第二步，教师用1～2天时间浏览作文，浏览时对其中精妙的词语和句子画上波浪线，对病句画上横线，概括出通病，并在下一次课上做针对性讲评，讲评时要讲清楚病在何处，比如，记叙文只有叙述没有描写，议论文只有举例，没有说理等，毛病只能择其主要讲1～2个，要给学生讲清楚这类问题会对作文造成怎样的影响，然后当堂提供比较成功的范文，以使学生明白该如何修改。总之，讲评时重在对学生思维堵塞处进行指导和方法指点，并提出修改要求。这当中要对个别问题较大的学生给予面批。接着发还作文，学生用一天时间修改作文，修改在课下完成，规定修改时间不超过一小时，修改的作文要誊清。

第三步，学生将修改的作文再度交上来后，按四人一小组，互相评判。

评判时可做旁批、点评，对文章精彩之处要予以肯定、赞扬，对不足之处要予以修改，对不会修改处提出商榷意见，然后写出总评。总评要指出该作文中至少两条优点和一条缺点，同时根据教师提供的评分标准打分。这样一篇作文可得到来自三位同学的评价。积极的同伴评价会使学生产生满足感和成就感，对存在的不足也能够明确修改方向或办法。这时，学生再根据评价的合理部分进行修改。这次活动要进行一节课，或者更多时间。

第四步，学生将经第二次修改的作文交给教师，评判成绩。教师如果认同学生的评判，只在认可的部分划浪线即可；如果否定学生的评语，可继续提出不同意见，此时才出现教师评语。如果学生的成绩不理想，或文章确实存在明显缺陷，教师就单个面批，面批时间一般 5~10 分钟为宜，面批主要是指出重要问题所在，然后要求学生再度修改。这次修改后的作文只要差强人意，就必须给好分数，以保护学生写作的积极性。

这样修改后的作文，也许还不能达到此次作文的写作要求，但因学生已经改过两遍，再改一般容易产生厌烦情绪，因而可采用印发典型作文，引导全班学生进行集体修改的办法。所谓典型作文，是问题比较集中、明显的文章，如记叙文中无描写；议论文中无分析的。拿出两篇，一篇比较成熟的，一篇是还需要修改的，放在一起让学生比较优劣，共同打分，说出评分理由。然后就其中不理想的地方进行有目的的、集中的修改。

对这一阶段的修改，教师要提出明确要求，比如，在句与句之间，加上议论的文字，把叙述变为描写等。等到大家将文章修改好后，再完整地朗读一遍，使学生明白文章做这样的修改就可以了。然后要求那些作文没有达到一定标准（如 80 分）的再度修改。此时学生因为明白应该怎样修改，也清楚教师评分的要求，所以修改起来会比较明确。对那些已经达到标准水平的同学，就不再做硬性的修改要求，但学生如果坚持修改，教师可重判分。这种做法很容易激起要强学生的修改愿望，他们会自觉地再次修改文章；而对那些作文达不到要求的学生，又是一次有章可循的模仿写作。

通过多年"互动式写作训练"的实践，崔琪收效颇丰。

首先，从理论上讲，学生的写作热情得到保护。在互动过程中，就写作者本人来说，他经历了写作—谈构思—被指导—修改—被赞美—获得成就感—修改—达标—盼望再次写作的循环；对其他学生而言，他们则经历了审读

SIXIANG : GEI XUESHENG ZHONGSHEN SHOUYONG DE DONGXI

文章—客观地评判文章—为同学指出修改方向或办法—自身收获修改经验的循环；就教师来说，他经历了布置作文要求—查看原始写作—了解学生心态与构思—再提要求、做指导—审读学生的评议—判分—面谈的循环。在这多项互动循环中，教师的引导、指点更加有的放矢；学生的写作、修改目标更加明晰，因为在互动中得到认可和赞同，因而学生更加热爱写作。

其次，从实践上说，学生的写作能力切实得到提高。文不厌改，"互动"实际是综合集体智慧来修改文章，在互动中，不仅学生的构思、选材、组织材料、表达和修改能力不断提高，并且在审读、修改、评价其他文章时，他们也不断完善了自己的写作方法，掌握了写作的要领，头脑中形成了写作框架（心理学所说的图式），有了这个图式，在后面的写作中，学生就会自觉地运用其去筛选库存、组织材料，有意识地用学到的写作之法规范自己，写作水平也会逐渐得到提高。

3. "互动式作文训练"的意义与不足

经过多年的实践，"互动式作文训练"有效提升了学生的写作能力。在以前的作文课上，经过教师指导修改，一个班能出现 1～2 篇范文就很不错了，现在，经过一轮互动之后，范文可达到 10 余篇。

这种写作训练是深层次的作文教学改革，具体体现在以下几个方面。第一，只有写好体会，才能变被动为主动，变自在为自觉、自为，最终赢得自由；第二，教师不修改，只指导修改，个别面批，并不是偷懒，而是用"点穴之功"，因人、因文而异，更重实效。这种指导对教师的要求更高、更具体，更有针对性和科学性；第三，学生之间的交流更加积极有效，这种交流是从学生单个主体性向群体主体性的过渡，是团队精神的发扬，它可以养成学生注意倾听他人意见，善于提出批评，敢于取长补短，乐于团结互助，适于群体共处的习惯；第四，可培养学生的修改能力，使其逐渐养成其修改习惯，这是作文训练最根本的目标，学生会改作文，能改好作文是作文训练的理想化追求。

学生在互动式作文训练中，学习如何表达自己、完善自我以及正确地评价他人。他们在表达修改中不断提高，在评判修改中不断完善，因而逐步完成了由自发到自觉、由他律到自律、由他教到自教的转化。而教师在"教"的过程中，逐渐实现了"不教"。这个转化正是我们期待的结果，因为教育的本义就是引发、诱导、启迪。

从 1998 年到现在，崔琪的"互动式作文训练"已实践了十余年，从总体来说，效果明显，但仍存在问题。

第一，"互动式"作文训练花费时间比较长。一轮互动下来，大约需要一周左右的时间，对高一和高三来说，时间显得极为紧张。所以，互动作文不能每次都这样有板有眼地进行，在操作时可以把学生互相评判与典型文章集体评判修改结合起来，以提高实效。但是"写作后记"要写，因为这是教师把握学生思维的有效途径。

另外，加强面谈是迅速提高学生写作水平、避免教师辛苦判分的好办法。特别是对那些在写作上"不开窍"的学生，他自己不会写，硬让他写，写出来全没样子，面谈比较能解决问题。如果他真的没有写作思路，面谈时教给他该怎样写，写什么，让他按照教师提供的思路去写，写完了再谈、再改。反复几次，学生便可迅速入门，写作水平也会很快得以提高。

第二，作文题目有时不合学生胃口。因为只有学生感兴趣的题目才能引起他们的写作欲望，激发他们努力写好的决心。而现在作文题目多由教师制定，很少和学生商量，所以不是每一篇文章学生都愿意修改。

解决这个问题的办法是话题作文，或者多题作文。在崔琪看来，题目开放度要大，让学生不惧怕，不厌烦，觉得还可以写，这就够了。比如高一第一学期，学完游记单元，要求学生写一篇游记，要求描写出景物的特点，同时将游览时的心情融入其中。作文布置之后，要求学生利用周六、周日选择自己想去的地方游览，注意观察景物特点，回来后写作文。学生写作的自主性得到加强，自然会写得比较好。这种多种作文题材互补的方式，对于提升学生写作水平，激发学生写作热情，具有很大帮助。

回首崔琪在"互动式作文训练"初期所做的尝试，主要是想让学生在写作上有成就感，以激发写作兴趣。而随着这种作文教学实践的逐渐深入，教师还要扮演一个参与者和指导者的角色，关注每一位学生的道德生活和情感体验，引导学生用心去观察和发现，促进学生彼此之间的讨论和交流，鼓励和赞赏每一位学生独特和富有个性的表达，并在习作的过程中不断增强学

生的自信心和创新意识。采用这种方式进行作文教学，能够使学生在开放性的互动进程中完成作文任务，可以使师生之间、生生之间，实现真正的交流与心灵接触，进而在交流过程中升华写作的境界。特别是在后期作文评价中，教师引导学生发现他人习作的优缺点并予以公正评价，可以增强和激发学生彼此在写作过程中的自信心和成就感，学生在习作中携手共济，共同努力克服困难，最终有效提高了自身的写作水平。

五、如何应对语文高考

高考是衡量高中语文教学质量好坏与否的重要标尺。在目前的社会环境下，学生高考成绩的高低牵动着全社会的敏感神经。语文科目作为高考的重头戏历来都被学校所重视。如何让学生能够在语文高考中获得好成绩，这是所有高中一线教师都要思考的重要问题。就语文学科本身而言，高考考查的内容大致可分为三个部分：阅读、写作和语言知识运用。其潜在的支撑因素是语汇及语言使用规则的掌握、文化修养与思维能力。怎么样培养学生这些能力，进而让学生在高考中能取得好成绩，很多教师都有自己的绝招，作为语文特级教师的崔琪当然也不例外。

在电视台介绍高考教学经验的崔琪

1. 面向高考，以点带面

作为一名长期工作在教学一线的普通高中教师，崔琪也要面对高考和升学率的现实问题，由于名声在外，她的压力甚至大过一般的高中教师。如何应对高考，自然成了我们关注的话题之一，直率的崔琪这样向我们描述了她的"应试"教学：

"我激发学生兴趣的原则特功利，考试题怎样考，我就怎样去激发。比如，你看我们课堂上讨论问题的时候挺热闹的，其实讨论的内容正是考试阅读题的出题点。如果教师在每节课的备课环节就有意地这样设置讨论题，等一考试学生发现上课讨论所得的那些答题思路完全可以迁移到回答试卷里的阅读题时，下回肯定会在课堂上继续关注这个讨论。再比如，我会让学生尝试用成语解释古汉语，设计的出发点也是高考。因为我们没有很多时间学成语，成语又是高考重点考查的内容，所以每到古汉语的教学难点，同时讲解成语就会取得一举两得的效果。备课时我就会跟组里的老师们说，古文是从过去传下来的，跟现代汉语肯定有好多联系，若拿现代汉语解释，学生可能学不到太多词汇，但要是让学生拿成语解释，他们就可以将现代汉语词汇、成语词汇和古汉语词汇一同记下来，一下得到很多，这是我们一直提倡的。同样，高考有诗歌欣赏的内容，一个是考查学生是否了解诗的内容，就是对词语的理解，还有就是考查学生对于诗表现的意境能否想象出来。如果我们到高三再去给学生讲如何理解诗歌的意境，可能就来不及了。所以从高一开始就应该有意识地向学生传授，慢慢地，学生看到诗自然就有一种意境的想象，将来自己用文字表达出来就不会太难。总之，首先要让学生觉得这东西真好玩，我可以在这课上学一学，要不然学生很难接受。然后就是以高考试题来引导，学生只有取得满意的高考成绩，他才会认可老师的教学方法。"

一位早已毕业的附中学生这样向我们形容崔琪的"应试"教学："从一

个字一个词的用法，到一篇文章的风格结构，崔老师都会系统、细致地给我们进行讲解。不仅如此，她还把这些作为一种文学常识和基本素养引申出去，从而超出字词、课文本身的含义，把知识点放到一个整体的观念当中，放到一个宏观的知识背景当中，最终使我们达到基本概念和文学常识的系统性知识。"崔琪在清华附中的徒弟向我们描述她为高三学生准备的练习："我们看了，都觉得特扎实，一个点一个点，特别清楚。我想这也能反映崔老师的一个特点，就是她很重视那些基础的训练，训练也很扎实。而且你看她每一个知识点都讲得特别具体，给你联想很多，特别有深意。"在当今社会，一个人对于母语的知识几乎全部来自基础教育阶段的语文课堂。所以，一个人中文的功底到什么程度，就要看中小学语文老师给他到什么程度。在这一点上，崔琪做的是比较到位的，她举一反三，融会贯通，尽量多地给学生对他们一生有影响的东西。

退一步说，即使单单针对考试，崔琪这种系统深入的讲解也是非常有好处的。我们必须承认，在有限的时间里进行的书面考试只能是对一些随机出现的知识碎片的考查，如果学生只是接触碎片化的题目，那么他的知识储备就永远是一堆碎片，而碎片化的教学教出来的学生，永远会感觉很吃力，感到疲于奔命，因为他要吸纳无穷多的碎片进来，才有可能比较从容地应对考试。只有当学生具备了比较宏观的眼光和系统的知识储备，他才不会惧怕考试。说到底，崔琪在应对考试方面其实非常大气，非常高明，非常有智慧。

要做到将对学生一生有益的教学和有效应对考试的教学有机结合起来需要一定的经验和阅历，还要有豁达的心境。年轻老师要做到这一点往往比较难，因为他们更容易陷入各种功利的目的。他们急于在学校、同事、学生以及家长心目中树立良好形象，所以更倾向于直奔高考，眼睛只盯着大量的试题训练。谈到这一点，崔琪也特别能理解：

"比如说，我即使把两个班教砸了，人家只能说崔琪她老了，她不行了。但我还有我先前的成绩在那儿积累着，能支撑着我这个人，但是年轻人没有，学校领导或者说其他人，绝不会说因为这一次没考好，说我这个人不行。而且我也不需要再往上去挣什么，我这一次考得好不好和我未来的晋升、评比什么的，基本已经不挂钩了，我完全不在这个平面上，当然我就不在乎。"

仔细观察崔琪老师的课堂教学，我们不难看出，崔琪老师的高考策略并不是所谓的"题海战术"，而是以高考为指向，在平时教学过程中注意以点带面，举一反三，在帮助学生不断提高语文能力、积累丰富语文知识的同时，最终能在语文高考中胜出。佛家里面所谓高明的人可以通达无碍说的就是这个意思，高明之人可以超凡脱俗，是因为他将什么事情都看得很通。如果"有碍"，是你自己在那里给自己设了障碍，颇为神奇的是，有时候，你越是不在乎，越是能跳出来，结局似乎也越好，这恐怕是值得许多青年教师思索和借鉴的。

2. 以"本"为本，方能稳操胜券

上了高三，每个学生都会感到一种不同寻常的紧张，家长的期盼，老师的叮咛，同学的竞争，自己的憧憬，无时不让人感到紧张；铺天盖地的各种试卷，时刻提醒着他们高考将至。的确，在不到十个月的时间里，学生要复习好所有的课程和学过的知识，去迎接那个几乎是决定命运、"一锤定音"的考试，紧张起来是非常正常的。在这期间，最重要的是保持清醒的头脑和有计划的复习。在高考复习中，有的同学认为高考五科中，语文复习是最不容易把握的，因为语文知识缺乏系统性，考试内容又和课文无太大关系。对此崔琪老师认为："其实，语文复习是有本可依的，这个本就是课本。只有充分利用课本做有计划的细致复习，才能临场不乱，稳操胜券。"

具体而言，崔琪"以'本'为本"的高考复习窍门，可归纳总结为以下四个方面。

第一，认真读语文书，做到"五读一记"。"五读"，就是读提示、读课文、读注释、读课后思考和练习、读单元知识和训练；"一记"，就是对文中的文学、文体、文化常识作分类记录。

（1）读提示

读提示在于了解课文的中心思想和写作特点是怎样概括出来的。因为提示中涉及的内容是编者阅读的结果，它可以帮助学生阅读。所以，鼓励学生

CUI QI:
YONG YUWEN CHUILIAN XUESHENG DE SIWEI PINZHI

在复习中读提示，就可以检查自己阅读的水平与能力，看看自己读完课文后，能不能也概括出这些要点。阅读文章如能抓住中心去读，就会快速准确，事半功倍。而通过读提示而获得的对艺术特色的了解和品味，还会逐步提高学生的鉴赏能力。

（2）读课文（不是看课文）

读课文主要是准确认读和理解文章中的汉字、词语、成语、长句，以不断形成对现代汉语的语言感悟能力。在阅读中还要注意揣摩体会标点符号的使用，关键语句的运用，段与段之间的过渡，首尾的呼应和主题的深化；背诵一些典型的事例和名言名句，以便在写作中学习借鉴和运用。

（3）读注释

读注释是至关重要的一环。高考出题虽然表面上脱离了课本，但所涉及的知识却是指向课内的，这些知识常常出现在课文注释内。

（4）读课后"思考和练习"

思考和练习可以直接检查学生的阅读结果，检查学生是否真正读懂了，能否根据自己对文章的理解，解决练习中的问题。坚持做这样的练习，必将提高阅读能力。另外，一些高考题目，也出自课后思考和练习。如果我们认真地完成课后练习，那么在考试的时候再解决类似的问题时就不会有什么困难了。

（5）读单元知识和训练

因为单元知识细致且有步骤地讲解了语文知识，从字词分析、句意理解、表达方式、段落阅读、鉴赏比较到文体常识、文学发展史、古汉语特殊语法、古代文化常识等，内容非常全面。所以，掌握好每个单元涉及的知识，高考语文就有了把握。另外高考有关文学文化常识的题目，许多都出自这里。特别值得一提的是，单元知识里有三篇很重要的文章，即《我国的古典文学》《我国的现代文学》《学点古代文化常识》，这三篇文章应该经常阅读背诵。

"一记"，就是对"五读"中的有关内容和知识，分成作家、作品、古代文化常识等类别做笔记。在这三大类下，还可以分成若干小类，如将古代文化常识分为古代的记时方法（记年、四时、节气和节日等）、官职、科举制度（院试、乡试、会试、殿试等）、一些特定的称谓（六艺经传、四书、五经、前四史、叙事诗双璧等）、地理方位（江东、道、路、府、关外、山东、河北等）以及古人的姓名字号（姓氏、字号、谥号、外号等）进行记录；将作品按国别、文化类型等来分别记录。这些内容要"时记时诵"，不断强化记忆。

对上述内容，可按照每月复习一册书的计划进行，这样在高三第一学期，就可以把五册中的语文知识系统地梳理一遍。然后在寒假里，再重点记忆笔记的内容，并提前阅读、整理第六册。

第二，文言文的复习重在朗读和整理。

朗读为的是使学生形成强烈的语感，使其拿起文言文，就能像说话似的熟练自如地朗读，要求读准字音、读清句读、读出语气、理解文意。这样，我们再读其他文言文时，才不会因断句、语气等理解不对而曲解文章。有人说，文言文是第二外语，这话一点不假。只有读得非常通顺，才谈得上理解。因此，在崔琪老师的课上，学生每天有半小时左右的时间大声朗读学过的文言文。

整理为的是对古汉语特殊语法和句式有一个系统的把握。高考中虽然不考"词类活用""古汉语特殊句式"等术语，但考题设置常常与之有关。所以在读文言文时，应注意引导学生分类整理活用的词语、特殊句式、固定结构、固化词语、成语等，以帮助其对文言文形成正确的理解。当然，高考考查的重点，在于对全文的理解和把握，而这种理解把握能力，是以把握字词句为基础的。在学生学过的文言文中，有些应该特别重视。如选自《左传》《战国策》《史记》《资治通鉴》的文章，还有一些气势磅礴的短文，如《六国论》《过秦论》《阿房宫赋》等，都应反复诵读，直至记忆。这对学生的阅读和写作大有裨益。

第三，每日背诵1~2句名言名句。深刻理解名言名句，并能灵活运用它，而不是机械地单纯地特意地去背诵。这可以让学生在写作文时更有文采，同时对于提高学生的个人修养，形成正确的人生价值观也大有裨益。

上述三方面看起来很简单，但要想真正做到，却要下大工夫。我们知道，高考试题除了一些默写外，一般都不会考虑直接从课文中选材，因此，有的老师和学生就错误地认为，高考不考课本，进而将教材放在一边，直接进入所谓总复习。实际上，只要我们认真分析一下高考题就会发现，只有"以本为本"系统掌握书本上的语文知识，通过书本上基本篇目的学习，进

而锻炼培养学生各方面的语文能力，才能使学生在面对从没有见过的高考题时临危不乱、稳操胜券。只要教师坚持做下去，锲而不舍、始终不渝，必然能使学生在语文高考中取得良好成绩。

3. 重视考场作文训练，激发学生写作思维与想象力

要想在高考中拿到好的分数，提高写作水平至关重要，因为作文占高考总分的比例高达 40%。对于作文训练，崔琪除了常用"互动式作文训练法"帮助学生提高写作能力、训练其写作思维外，她在"应试"方面还有一个高招，就是指导学生考场作文。

我们第一次到清华附中的时候，就有幸听了崔琪的一节作文评析课，内容是关于议论文的写作。按照我们惯常的想法，教师首先应该告诉学生，什么叫议论文，议论文有哪些要素，写作时怎么提出论点，怎么展开论证过程，如何正论、反论，举例子等。然后，教师或许还会给出一些范文，让学生对照着范文对新学的知识加深理解，学会这些规则后再让学生自己实践。但崔琪的思路非常独到，她从引导学生怎么思考入手，首先让学生明白，所谓议论，其实就是观点的阐发，写好议论文的关键是怎么去思考这个观点，进而怎么去阐发这个观点。她教学生如何多角度地分析材料，如何深化对问题的分析，怎么样能真正做到有话可说，言之有物，言之有理。在这样的引导和分析之后，学生个个豁然开朗。

细细考究，我们最初抱有的那种预想，可能是很多教师容易犯的一种通病，即把写作看成了一种规则系统和一套知识系统。而崔琪则把写作看成思维的发展的过程，所以她更关注学生如何思考。换言之，在崔琪看来，学好写作议论文，重点不是记住规则以及表达技巧，而是培养良好的思维方式和品质。学生的思维品质是写好议论文的关键，所以崔琪在课堂上不在"写"上做文章，而是在"想"上做文章，她注重引导学生多角度、深入地分析问题，把握住问题的关键信息，而这些恰恰又是高一学生所欠缺的。看似平淡无奇的一节课，实则奥妙无穷，耐人寻味。

除了议论文，崔琪老师在指导学生写当下比较流行的话题作文时，同样注重从"想"上下工夫。她告诫学生，拿到材料千万不要急于写文章，先

想一想，针对这样的话题主要应该写些什么？如何对一个问题进行全方位的解释，对一种感受展开多角度的诠释？想清楚其中任何一点，都大有文章可作。有了内容之后，还需要考虑文体的问题。这个话题可以用何种文体来写？如何多方开拓思路？在崔琪老师的启发之下，学生们知道了在议论文、说明文、记叙文之外，还有许多可以采用的文学体裁。比如小说、故事、散文、小品、书信、广告、通知、寓言、日记等。进一步的，学生们开始思考，如果用故事怎么写，如果用广告怎么写，如果写成寓言会怎样？学生的视角打开了，思维也活跃起来，一篇篇丰富多彩的文章手到擒来。

归根结底，在崔琪老师看来，要想让学生在高考作文中获得好的分数，那么高三作文训练就应该以不变应万变，实实在在且有计划地训练。尤其是第一学期，应扎实地做好一些基本功的训练。比如，可以先做些分解训练。如描写，可以做动作、心理、肖像、语言的分解写作，每次作文解决 1～2 个问题。举例来说，在训练动作描写时，教师可引导学生思考：选取的动作对所要表现的人物或事件是否典型？所用的动词是否准确？用了这样的动词之后人物形象是否呼之欲出等；在训练语言描写时，所描绘的语言是不是准确反映了人物的性格与身份？是否让人闻其声如见其人？又如议论文的审题、归纳中心、提出论点、正反对比、分析论证的训练，看图作文、续写、仿写的训练等。每次作文之后，教师应该立即把学生中的优秀作文打印出来，让其他学生奇文共赏，然后令其针对自己作文的不足之处进行修改；即使来不及修改，也要使他们懂得什么样的文章是令人欣赏的，自己该朝什么方向努力。这样做了，就可以使学生进行全面的复习准备，从各个角度各个方面训练他们的思维和语言，使他们在各个方面有所依照，有所准备，并在准备中发现自己的写作长处，应考时才能扬长避短。

另外，要坚持抄写点评文章，这是比较急功近利的做法，但也是比较容易操作的做法。从最近两届高考成绩来看，这种做法比较奏效。抄写要求读熟一句，默写一句，在默写时强化记忆，这样，优秀文章的精华就会慢慢同化在学生的记忆库中，一旦需要就可及时调用。抄写的文章来源可以是一次作文之后的优秀作文，因为作者是学生自己的同学，经历相当，水平接近，具有很强的说服力；还可以是优秀的散文。抄写既是一种模仿，也是一种素材积累与学习。而对于一些写作水平较高、语言比较好的学生，抄同学的作

67

文实在是浪费精力，没必要。所以对这些学生，可以放手让他们自己抄《读者》《中学生阅读》或《中华活页文选》上的好文章，这样有利于他们的再提高。

在写作训练过程中，有学生也会时常发出这样的疑问，"读书多，作文是否就能写好呢？"对于这个问题，崔琪班上就有一个案例。班里有个学生博览群书，文笔也不错，但往往在考试中作文不能得高分。当他带着这个困惑求教于崔琪老师时，崔琪首先肯定了他的阅读量和文笔，然后指出日常写作与考试作文的区别：

"所谓考场作文，就是要有一定的评价标准，否则考试就失去了公平性。那么，对于作文这个事情，你就一定要按照考试规定的方向（去写）。不能说人家给你一个表达的机会，你就借此由着自己的性子去生发你的感想。考场作文不能走这个路子，它里面会有很多暗含的要求，有很多暗沟。"

接着，崔琪继续鼓励他说：

"看书多和写作好肯定是有联系的，你是一个自己有话想说的人，有很多深刻的想法和心灵感受，你会按照自己的思维方式去说话，这一点非常宝贵。但是在咱们现在这种体制下，你可能一时难以展示才华。对你来说，考试作文就像做馒头，'面'已经'发'好了，只不过还没有'蒸'出一个像样的'馒头'。比起那些'现和面、现做馒头'的学生肯定要好得多。一旦你摸清考试规律和要求，做到用最简单的几句话把最想说的、最有你个性的内容表达出来，让老师一看就明白，那样就可以了。相信我，看书多的学生，最后一定能够写得很好。这是真的。"

教导后，崔琪又找出一些高考满分作文给他，让他回去仔细研究、认真借鉴。果然，下一回的考试里，这个学生的作文成绩有了明显提高。可见，考场作文本身也有它自身的规定性。读书多，并不能说明作文水平高，考试就能得高分。读的同时，还要内化，要使学生把书里优美的文笔、流畅的思维、收放自如的境界与丰富的想象力内化为其自身在考场作文框架内的写作能力，如此，才能使学生在高考作文中真正取得好的成绩。

总之，对于教师而言，作文复习的重点在于提高学生的认识水平和语言表达能力。我们可以用历年的高考作文题做例子，看看学生会不会用辩证的观点认识分析材料，能不能选取新的角度来写作。同时找一些优秀作文做参考，让学生体会学习其成功之处。坚持做一些分解性的练习，如人物的语言动作心理描写，某种物体的想象描写；概述材料、推出论点——写开头，为中心论点设置分论点——写提纲，排比式举例、比喻和对比论证——写段落等。努力使思维和表达始终处于积极活跃的最佳状态，只有这样才能真正做到以不变应万变。

六、语文新课改的两面观

20世纪末，在中共中央、国务院提出要"深化教育改革，全面推进素质教育"的精神指导下，我国于2001年启动了新一轮的课程改革，并颁布了《基础教育课程改革指导纲要（试行）》，其目的就是要在21世纪构建起符合我国素质教育要求的基础教育课程体系。其后根据普通高中课程总体改革的精神和要求，在《义务教育语文课程标准（实验稿）》的基础上，又制定了《普通高中语文课程标准（实验）》，至此高中语文新课程改革全面展开。作为一名高中语文特级教师，崔琪对语文课程改革无论是理念还是实践都给予了极大的关注，尤其针对新课程改革当中极为提倡的研究性学习，崔琪积极付诸实践，不断丰富发展研究性学习在语文学科教学实践中的运用。

1. 注重语文教学中研究性学习的理论与实践

研究性学习的内涵是什么？根据20世纪初美国教育家杜威的理论，我们可将其定义为"确定问题情境——提出解决方案——搜集资料验证假

崔琪：用语文锤炼学生的思维品质

设——得出结论"。杜威认为，学生的学习不应是被动接受知识的过程，而应是主动发现的过程，他们对知识的学习可采用类似科学家发现知识的过程获得。这一理论对美国的教育影响深远，使得美国学生动手操作能力与解决问题的能力获得较大提高。我国对"研究性学习"理论的引入与运用，比较注重培养学生的科学精神，培养其观察生活、探究自然和社会问题的兴趣，以期在研究中让学生获得亲身参与探索的体验，形成使用基本研究工具的能力，并在共同的探讨过程中，培养其合作意识。一些对"研究性学习"课程或活动的报道也都把注意力聚焦在这方面。仔细看媒体中所报道的各个学校的学生课题，确实是一些贴近生活、社会针对性强、难度很大的课题。

　　然而，研究性学习是不是只局限于"观察生活、探究自然和社会问题"的范围呢？答案当然是否定的。研究性学习不应当只关注那些"社会化、成人化和功利化"的课题，它的实质应当是立足于对人的潜能的开发，对学生学习兴趣的强化。换句话说，所有可以开发潜能、激发兴趣、培养能力的研究学习都可以归入研究性学习的范畴。语文课作为训练学生听说读写能力、提高学生人文素养、夯实学生文化功底的一门课，一样存在激发兴趣、开发潜能、培养能力的问题。尤其是对于不参加高考的理科实验班，更需要在研究性学习中，提高学生的审美情操和文学修养，帮助他们养成深入思考、提出问题、细致研究、解决问题的习惯。基于这种认识，崔琪对附中理科班曾进行了两年有侧重的研究性学习的实践，这种实践主要是以学术论文的形式展开的。

　　首先，以围绕课文撰写学术论文的方式进行研究性学习。附中理科班使用新的实验教材，并对人教社"高级中学课本（必修）"做了重新整合，择其重要章节进行教学。同时补充古典名篇和网络文萃，以丰富和调剂学生的学习内容，并在值得探讨的问题上，设疑置疑，引导学生进行研究。比如学习《雷雨》，崔琪做了这样的介绍：

　　　　"曹禺当年就是在清华园成就的《雷雨》，从那时起，《雷雨》就一直上演不衰。在中国能和《雷雨》相比的戏剧确实不多。那么，《雷雨》的成功之处在哪里呢？我认为《雷雨》最激打人心的地方就是它成功地塑造了一个立体的形象——周朴园。周朴园不是脸谱化、公式化的人物，而是一个性格复杂的活生生的人。如果从人的角度来认识他、剖析他，我们或许可以得到非概念性的答案。"

然后崔琪向学生推荐了"和平书屋""中华书库""黄金书屋"网站，要求学生到网上去阅读原作全文，研究周朴园其人。

当学生在全面阅读和把握了《雷雨》之后，写出了不少具有独到见解的文章。比如《剪不断，理还乱——周朴园与侍萍的情感分析》《烈火般的真情与性格——繁漪对自由的追求与渴望》《哪一面是真的——浅谈周朴园的性格》等。下面选摘几个段落，可以管窥学生研究性阅读的成果。

——心灵之门可以在梦幻的想象中大敞，但在坚硬的现实面前必须具有同样坚硬的思想。说周朴园虚伪，怕人揭出伤疤，这不就是人的本性吗？谁能做了错事不内疚，可谁又能放弃自己的尊严，甘心被人揭伤疤？正如沙翁笔下的麦克白夫人，梦游时长受着良心的谴责，醒来后却仍旧阴险、冷酷。这其实是人性"善"的一面与"恶"的一面相互影响，错综复杂的表现。

——侍萍与周家既有难舍难分的亲缘关系，又有受周家凌辱的一层（关系），所以她悲愤"三十年的苦"，又时刻不忘过去的周公馆；她既希望"一生也不要再见周朴园，"又被说中"侍萍，你回来了？我知道你会回来的！"；她拒绝周朴园的金钱，可是又转弯抹角地"就在此地""老爷的绸衬衣绣着梅花，还有一个'萍'"来暗示自己的身份；她坚强地挺了三十年，欲与周家一刀两断，可她又那么软弱，一见周朴园便叹气悲伤。抽刀断水水更流，她不仅剪不断与周家千丝万缕的关系，还把它变得更加复杂。其实，"不是"是为了"是"，"不欲"是为了"欲"，"不爱"是为了"爱"，这是人地地道道的"本性"。简·爱不也愤然离开桑菲尔德庄园吗？可她的心底还怀着对罗切斯特先生最真挚的爱。

剪不断，理还乱。人性错综复杂，对立的两面相互渗透，相互作用，使人变化多端，但正是这样的人才是真正的人，不完美的才是最完美的。

71

了解这一点，才能在云迷雾涌的变化中好好把握自己，认识人生。

——说他是个人，因为他所代表的不仅仅是个资本家，而是个正常的人，他所做的一切事，都是常人会去做的，虽然有些事并不该做。说他冷酷，正确，因为绝对热情的人是模范，不是常人；说他自私，不错，因为绝对无私的人是英雄，不是常人；说他虚伪，也对，因为绝对真诚的人是雷锋，也不是常人。社会中的芸芸众生，哪个没有其虚伪、冷酷、自私的一面？周朴园只是其中普通的一员，他的故事很富戏剧性（本来就是戏剧），可他本身并不具有典型性，他所表现的只是一般性。

又如，学习苏洵《六国论》时，崔琪为学生补充了苏辙的《六国论》和清代李桢的《六国论》，要求学生研究国家兴衰的本源；学习《内蒙访古》，她要求学生参读所有关于王昭君的诗赋，以"我看昭君出塞"为题，研究如何正确处理民族关系问题。学习鲁迅小说时，她请学生把《〈呐喊〉自序》《药》《祝福》《阿Q正传》《狂人日记》放在一起，以"'病苦'原因何在"为题，研究中华民族漠视弱者、缺乏诚爱的劣根性，等等。所有这些问题的提出与目标要求，无一不是以提高学生的研究性阅读理解能力为目的。

其次，以认识社会、研究生活为目标撰写研究论文，进行研究性学习。这样的研究一般放在节日的长假之后完成。假日里，学生或者在回家时有所感慨；或者在旅游途中有所见闻，带着观察生活、评价社会、认识人生的眼光去研究问题，阐述自己的见解。像《为何总能见到那个骗子——郑州火车站见闻》《高中生上课为何不喜欢发言》《有钱就没有办不成的事——生活这样告诉我》《中法学生对国歌的态度比较》《17年的求学之路——我的自传》《中学生网上阅读情况调查》等文章，不仅对社会的一些丑陋现象进行抨击剖析，而且提出建设性意见。

——《为何总能见到那个骗子——郑州火车站见闻》一文中，学生首先叙述自己一年内三次回家，下车都遇到一个骗子，骗子每次都说着同样的话："同学，我也是学生，准备回家探亲的，没想到刚到车站，钱包就被小偷偷了。你能不能帮助我10块钱，让我买点吃的？"

第一次，作者给了他 10 元钱，第二次就说了句"对不起，我也没钱了"。第三次，作者干脆直截了当地说："难道你不认识我吗？我可认识你！"对这样靠行骗吃饭的社会渣滓，作者认为应该从根本上治理。他认真研究了产生这类人物的现实土壤，是因为贫困和法制不健全。因此，他提出了从长治理和从速治理的办法。从速治理就要开办举报办公室，让受过骗的人举报骗子；加强治安联防，对经常出没于车站附近的"熟面孔"，要盘查、监督、干涉，不给他们行骗机会。从长治理就要兴办教育，全面提高国民素质；严格法治，对诈骗行骗依法处理。

——《17 年的求学之路——我的自传》是高二寒假时，学生对自己进行的一次全面认识和小结。不少同学写到，在最前面的 15 年，自己走过的是竞争、竞赛、考试、荣誉与鲜花环绕的路，虽然很辛苦，但很充实。最近这一年多，缺少了竞争，缺少了压力，多了些自主与宽松，也多了些放松与懈怠。

崔琪引导学生研究的这些问题，大都贴近社会、贴近学生的生活。学生也能有感而发。研究拉近学生与社会生活的距离，并能增强学生对社会问题的感知度，扩大学生分析问题的视野。在扩大学生知识面的同时，通过学生自己的亲身实践，能够养成其良好的情感、态度、价值观，这也是以认识社会、研究生活为目标撰写研究论文的研究性学习的主旨思想及其应该达到的目标。

再次，以发表新见为目标撰写研究论文，进行研究性学习。为了激发学生创造性思维与想象力，崔琪鼓励学生在思考问题时带有一点建设性与创造性，她还有意识地训练学生发散性思维能力，进而让学生围绕一些较新颖的问题谈一些基本看法。比如，学生写的《环境因素对田旋花的影响》《彩票的中奖率》《自然保护区的分布与自然保护观念的地区误差》《哪种草适合做草坪——两种草的对比实验》《让计算机学会思考——浅谈游戏的编制》等。

杨振宁说过，一个人要出成果，因素之一就是要顺乎自己的兴趣，然后再结合社会的需要来发展自己的特长。有了兴趣，"苦"就不是苦，而是乐。到了这个境地，工作就容易出成果了。研究性学习，就是充分尊重了学生的尊严与价值，尊重学生的个性差异和个别性，满足了学生多方面发展的

需要，使学生在其中各扬其长，各得其所。师生关系在精神与人格的相遇中互相接纳、交流与提升。教师则"越来越多地成为一位顾问，一位交换意见的参与者，一位帮助发现矛盾论点而不是拿出现成真理的人"①。不同年龄段的学生应该有和他们的思维及知识水准相适应的研究课题，要珍视他们的"胡思乱想"，他们为什么批评一个名作家？为什么不能对某个历史时间或人物有自己的臧否？为什么不能重新设计历史或未来？也许，表面上看，有些看似"荒唐"的课题显得没有什么价值，但恰如一位西方哲人所说的那样：在人类探索真理的漫漫长途上，通往谬误的路标与通往真理的路标是等值的。

2. 对高中语文新课程改革的"冷"思考

21世纪以来，这场自上而下的课程改革在全国范围内以迅猛之势全面展开。有不少人充满激情地追随着改革专家参与其中，也有一些人保持着理性关注它的进展，思考着它的性质，谨慎地进行着实践的变革。作为一名思想成熟的特级教师，崔琪在认真学习新课程改革的新理论，并将课程改革关注的研究性学习付诸语文教学实践的同时，并没有做一个盲目的行动者。在课程改革不断推进之时，崔琪也在用自己的智慧来审视着语文课程改革的得与失。较有代表性的就是崔琪发表在《北京教育》2007年第7、第8两期上的一篇文章：《千万不能摸着石头过河》，内容如下。

如果你去采访目前在高中任教的教师，问他对即将实施的新课标有怎样的理解？准备怎样教必修内容？能开设哪门选修课？也许会更多地听到如下说法："头儿说什么我们就做什么。""选用什么教材，每个模块怎样分配时间，怎样安排考试，选修课怎样编班，校本课程开哪些内容，都是学校领导的事，我们只要'听将令'就是了。"

这样就出现了一个问题：学校领导多数也是一线教师，大多也怀着

---

① 联合国教科文组织国际教育发展委员会. 学会生存——教育世界的今天和明天 [M]. 北京：教育科学出版社，1996：108.

同普通教师一样的心态，即上级怎么要求，我们就怎么做。更多的学校领导心存疑虑：实施课程改革后，高考该怎样应对？上级领导只知全力推进新课标，却很少给予具体方案指导，业已开设的"新课标培训"也多是宏观意义价值的讲解，那么，究竟谁来"指挥安排"新课标的具体实施？

作为语文教师，我细致通读了"高中语文新课标"，感到其中所描绘的课程目标，从"积累整合""感受鉴赏"到"思考领悟""应用拓展"，再到"发展创新"，确实是循序渐进、由浅入深地"培育"学生，是一幅美丽的蓝图；而必修课内容所做出的"让学生在50周内，自读'不少于150万字的文学名著（5本以上）''练笔不少于2万字'"的规定，更令人欢欣鼓舞。可是冷静下来又不能不质疑：这些"必须"用什么去保证，怎样去完成呢？

大概所有人都还记得2002年暑假，全市高中推行的研究性学习，当时的声势可谓猛烈，要求可谓强硬，结果怎样？不足半个学期，进行研究性学习的3课时就"让位"给了高考科目，不足一年，研究性学习就名存实亡了。

为什么？因为研究性学习的"土壤"尚未生成。当时，所有人都不清楚研究性学习是怎样一种运作方式，都以为应像大学一样，学生自主提出感兴趣的课题，老师参与指导，直至"搞出点儿名堂"。后来发现，我们从小被"喂养"大的学生，只会张嘴等着，不会自己去"发现"有价值的课题。于是又改为所有科任教师就本学科的内容，拟出课题，然后全校汇总起来，供学生选作。学生虽然可以"照章办事"了，但那课题是为"完成作业"选的，不是自己的兴趣所在，所以能对付就对付，蒙混糊弄，甚至欺骗现象一时风靡。更要命的是，到了研究性学习的时间，很多学生就以"外出调查"为借口，或回家或到操场上游戏，完全不是学校规定和教师想象的研究。于是，盛名之下、其实难副的研究性学习只能流产。

难道是学校拒绝改革吗？难道教师不知道培养创新意识对未来一代的作用吗？当然不是。答案非常简单，就因为高考——这个"最终的出口"没有改变！原因不变，却要求结果变；高考不改，却要求教学

模式、教学方法，甚至教学理念改，这不是一件很不合逻辑的事吗？在全国上下都为"高考疯狂"的今天，教师们对这种"误人误己误国家"的现状当然感到十分忧虑，希望改革是教师们的心愿，可是，现在又有多少个一线教师敢说"别理高考"？

曾几何时，北京市规定禁放烟花爆竹，禁放后虽严加看管却屡禁不止，于是改为"限放"。为什么会走回头路？因为人们的理念难改。理念来自哪里？来自对现实的体认。如果高考先行改为"人格修养"、"文化素养"、"动手动脑能力"、"研究性学习成果"等内容的分类评价，而不是一次考试"定终身"，那么人们的认识和做法就会发生变化！真心希望教改不要重蹈"禁放"的覆辙！也许眼下大学生毕业就意味着失业的现实，会带起新一轮的"读书无用论"，那么，与其受负面影响，不如从正面全面改进高考！

此外，现在不少"新课标培训"，过分强调"关注学生需求，尊重个性发展"，强调"教师是参与者"，否认"课堂预设"，让人感到新课标实施后的学校教育像"自选市场"——学生"买什么"，教师"卖什么"。这实在是淡化学校的功能和教师的作用！因为教书育人是按照我们理想的人才标准教育、塑造学生的，而不是任其自由生长的！如果过分强调尊重个性需求，就会让许多教师在面对学生错误时，感到为难。比如，那些不交作业的学生已经振振有词："我懒，懒就是人类的天性，也是我的个性，你能违背吗？"这种混淆视听的近似无赖的说法，如果冠以"个性"之名，教师也只能听之任之了。那样的话，教师与学校不就形同虚设了吗？

关于新课标，实在有许多话想说。但既然开始实施，就希望有关方面根据现实实事求是地规划好，设计好，千万不可再"摸着石头过河"，国家经不起这样的折腾，教育更经不起这样的折腾了！

相信每一个读完文章的一线教师以及教育工作者都会发自内心地感叹：这是一篇大实话，有责任心、充满忧患意识的大实话。通过字里行间的描述，可以看出崔琪对高中语文课程改革的忧虑。课程改革的目标确实很美好，理念确实很先进，但很难落到实处；语文课程从理念到操作都要改的同时，高考依旧，这也大大影响此次课程改革有效性问题；在课改的实际操作过程中，甚至出现了指导、约束学生就是阻碍学生发展等较为极端的观点。而崔琪对于语文课程改革的整体把握是到位的，她不仅领会、践行新课程改革的新思路、新方法，同时对课改所带来的问题也有清醒的认识，有智慧、不盲从，这是非常难能可贵的。

客观地说，崔琪对当前新课改的担心不是没有理由的，她的诸多担心正缘于新课改实践所带来的困惑：

"比如说，高中语文课本中有一篇课文《记念刘和珍君》，南京师大附中的一个老师曾经上过示范课。他先把关于'三一八惨案'的背景材料全都发给学生，好几万字，让学生看完了以后写两个内容，一是说清'三一八惨案'是怎么回事，对此事件做出综述；二是对刘和珍做出评价。这个事情按理讲不难，但是具体到老师操作的时候完全不是那么回事。比如说我来操作，我可以跟我的学生说，这里面有这么多材料，你们看一下'三一八惨案'是怎么回事，然后大家结合《记念刘和珍君》先看看刘和珍是什么样的人。但是，我怎么知道学生在这之前做的是什么样的功课，他做到了什么程度？我必须得有一个检测手段。以往的检测手段是什么呢？就是学生写出来以后我看，那就意味着教师在上课之前就得看完两个班90个学生的作文，这里面就有一个时间和精力的问题。第二种途径就是上课提问，但这会占据大量时间，学生发言时也得控制，否则没准一晃20分钟就过去了，但我们不能忘了一节课上教师肩负着很多其他内容，我们整堂课的设计还得各个环节都兼顾到，设计者和指挥者对这些问题都没有考虑。退一步讲，就算我这节课'豁出去了'，就按照新课改的要求，把刘和珍说得非常充分了，但我最后还是要回归文本，我还得教学生读书是不是？文章里面鲁迅的情感是怎么表达出来的，我还得指导学生去读课文不是？这些环节都不能忽略。况且，不是就这一篇《记念刘和珍君》，还有好多篇类似的呢，我每节课都这么'豁出去'，肯定是不行的。"

"现在（2008级）高一的这轮学生马上要进入选修模块了，那么，按照新课改的选修理念，应该给学生提供尽可能多的平台，根据他的需

要自己来选修。也就是说在选修的范围里，学生想学什么，学校就得提供相应的课程。比如，一个孩子想选《周易》，但不是任何老师都能讲《周易》，可能整个北京市就一位老先生能讲，那么，按照新课改的理念，这位老先生讲《周易》的时候，全北京所有选《周易》的学生都要去他那儿听课；或者换一种方式，A 学校有三个选《周易》的，那么这个老先生今天先到 A 校讲课，下一节课再去 B 校，给那里选修《周易》的学生上课。理念上应该是这样，但我们知道，在当前的情况下，根本就无法操作。即便都是在一个学校里，还是会存在很多问题：比如，不同班级学生的组织问题，还有教学过程的监控问题。有的学生更干脆，我不要选修的成绩了，上完必修我就直奔高考，我最后高考成绩非常好，你也拿我没办法。"

"而且新课改还要求学生每学期要读上百万字的作品，要写几十万字的读书报告，实际上，学生不可能完成。可见有些新课改理念，实在是一种不太切合实际的要求和做法。现在有些做了改进，但多数仍存在过度理想化的问题。所以，新课改未来的前途是怎么样的，我们真的很着急。因为这不同于技术革新，课程改革面对的是一批人。同样是面对人，教师跟医生还不一样，一回没治好，下回知道了，哪怕战战兢兢地也一定要救活他。教育出现了问题救都救不回来，学生打基础的阶段其整个人格也在打基础。说大了，那不仅仅是学生的前途，还是国家的前途。"

　　……

崔琪关于新课程改革得与失的看法，更集中地体现在她受邀参加市里关于新课改讨论会的发言中，这次发言对课改的实施现状，尤其是语文课改中推行选修模块存在的问题做了一番鞭辟入里的分析。在高二将要开始的选修模块教材中，有一册《中国文化经典研读》，崔琪做了审读与思考后，感到教材本身就是一种挑战。在发言时，崔琪从教材、教师、学生三方面来谈了学习这本教材所面临的困难。

首先是关于选修教材的适切性问题。崔琪将其概括为"六性"。即文章的陌生性、选文的深刻性、思想的多元性、背景的广博性、文字的艰深性和文体的多样性。10个单元的选文，从内容上说，大多数都是新面孔；从范围上说，包括儒家、道家、历史、佛教、道德、政治、理学、科学、学术、文学；从文体上说，有人物语录、历史著作、经典注疏、科技著作、古人游记、文学评论等；从单元要求上涉及研究历史的方法、做人的标准、佛与中国文化的关系、哲学的任务、科学的素养等。崔琪认为，想在36个学时中让学生了解这么多内容，让他们对儒家、道家、佛家、史学家、思想家、评论家的思想都有所了解、有所领略，即使是删繁就简，也实在很难。

有老师认为，这本教材的学习目标是"对中国文化经典有较系统的接触，初步了解中国文化的内涵，力图进一步巩固此前所学的文言知识，培养文言文语感并有所发展"。而在崔琪看来，这一目标与教材第一单元"入门四方"暗含的教学目标是一致的。既然是"较系统"，就需要了解前后的继承与联系，尤其是思想上的联系发展与创新；而"初步了解文化内涵"就更不易把握，到什么程度才算"初步了解"？"文化内涵"的范围又有多大？它们的评价系数和指标是什么、又因何而定？这些都是让人想来就倍感压力的问题。

其次，崔琪认为课改应考虑到教师的实际情况以及所面临的诸多矛盾。从北京市海淀区各校高一教师的年龄看，他们大多为中青年，正是干事业的时候，他们有思想、有热情、有精力，是特别能战斗的群体。也正因为能干肯干，所以，他们肩负的任务也就繁重且头绪繁多，也就很少有时间阅读、思考、研究问题，很少有机会"行万里路"，拓宽视野，学习借鉴。不少人希望通过培训能得些指导，而在现实中听到更多的却是反思，是任务，是要求。进而，崔琪指出当前在课程改革中存在的诸多矛盾：选文的包罗万象与授课时间局促之间的矛盾；教材的博大精深与学生经验的浅薄苍白之间的矛盾；教材的繁杂厚重与教师水平的捉襟见肘之间的矛盾……

最后，当前学生的诸多特点也让课改步履维艰。崔琪认为现在的孩子过于张扬自我、关注自我，绝少关心他人、关注社会；他们读书少，有人甚至没有读过一本文学名著。不关心外物，必定不思考；不广泛阅读，必定见识窄。而面对这样的学生，让他们在36个学时内对中国文化经典有阅读、有研究，还要借此"巩固此前所学的文言知识，培养文言文语感并有所发

展"，实在太难。就像要求一个先天不足、体弱多病的学生跑进奥运场馆，让他在规定的时间内，像模像样地将所有体育项目亲自完成一遍，并期望他的体力因此增长，身体因此强健一样，太不切实际了。

通过发言，可见崔琪对于语文课程改革的担忧言之切切、充满深情，字里行间流露出对学生的关爱、对教师的考虑、对教材的担忧。而之所以能够对语文课程改革直言不讳，这又与崔琪一贯实事求是的态度、崇高的责任感有关，正如崔琪所说：

> "我觉得，一个好老师，不管他将来在不在这个岗位上，一定要有一种厚重的责任感，一定要实事求是地谈问题，如果我们遮遮掩掩，我觉得那不是在从事教育，因为教育毕竟是对人的关注，对人的培养，如果咱们搞教育的人里面虚的东西太多，花哨的东西太多，肯定会毁掉一代人。"

在访谈过程中，我们可以发现，崔琪并不排斥改革，她积极践行各种有益的理念，同时富有高度的责任感与使命感，反对那些不理智、不现实、缺乏实效的课程改革。朴实、勤奋，但该出手时就出手，这些性格决定了崔琪走的是一条不平凡的路，这与她的为人有很大的关系，与以思想见长的清华大学以及清华附中的风格也是一脉相承的。

3. 建立语文教学的立体网络

目前对于语文课改的讨论，可谓如火如荼、百花齐放。要求改革高考，改变教材，扬弃传统教法、尝试新教法等呼声越来越强烈，"语文教学非改不可"已成为各界的共识。然而，一味地否定高考不够现实；全面地否定教材亦有失理智；过多地埋怨教师太不近人情。要改革语文教学，除了讨论教什么、怎么教，考什么、怎么考的问题，还应对语文教学的结构进行探讨。

众所周知，语文是最庞杂、最缺少体系、最没有边际的一门学科。从小学到中学，除了课文是变化的以外，其教法、学法大体相同，知识和内容也存在着大量的重复。为了改变这种现状，几乎所有的语文教师都对怎样教好一节课进行过探索和试验，这些尝试最终总结推广为不同种类的教学法。这种改革是必需的、有效的，但这些都属于局部的改进。要想使语文课改有成效，改革者必须从整体上把握和改进。即应建立一个语文教学的立体网络：对于所授的每一篇课文，改革者要对教师应该传授的知识和必须训练的能力做明确的要求和规范；教师也应当清楚，在开始此课以前，学生已学习了什么知识、训练了哪些能力，这一课应讲授什么新知识，训练应从哪个能力层次开始，最终达到什么目标水平，等等。

这是一项艰巨复杂而又细致周密的工作。它需要由教育主管部门牵头，组织语文专家和教材编写者根据学生的年龄特点和成长需求，按照从易到难、从简到繁、由浅入深、由窄渐宽的规律，进行统一、全盘的规划设计，并在教材中予以部署和提示。比如，规定教师利用哪些篇目训练哪种能力，确定怎样测定学生的能力水平；提示教师哪些需要再复习、再训练，哪些可以留待后面解决等。如果能按照这样的网络进行教学，就会学有新意、有目的；教有范围、有方法；练有目标、有梯度，才会改变语文教学少慢差费的现实。

崔琪认为，在目前情况下，语文教师应根据所教教材和本校学生的特点，设计出每个年段、每学期、每单元、每课书、每节课的知识点和能力训练点，据此展开教学，以期达到"课课有新得，每课有长进"的目的。崔琪曾用两年时间，在清华附中理科实验班做语文教改试验，取得了较为明显的收效。试验在高一练听说能力。每周用一课时上"说话课"，内容包括介绍故乡、评论时事、答记者问、专题讨论、讲述作家生平事迹、讲解经典文章等。再辅以读书汇报会、每月新书介绍、背诵、朗读和辩论比赛等活动。语言方面，她开始只要求学生说好普通话，然后逐步提高到即席演讲、规定时间、无口头语、少废话、节奏适当等水平。经过全方位的训练，学生的听说、语言组织、随机应变等能力得到了显著的提高。高二着重训练文字表达能力。给学生介绍最新科技的复杂说明文，短篇小说、科幻故事创作、精彩的读后感、文学评论，辩证周密的议论文等，并要求学生每周一文，依序而作。通过不断切磋、反复训练，学生掌握了不同文体的写作思路，懂得了如何修改和润色，写作水平和写作速度得到了显著提高。高二第一学期末参加

81

崔琪：用语文锤炼学生的思维品质

全国中小学生作文大赛时，该班参赛的两名同学分获一等奖和二等奖。

　　由此可见，将语文知识的传授与能力训练按一定规划立体进行，是完全行得通、办得到的。如果我们对本年段、本学期、本单元、本课文、本节课的知识点和能力训练点，都像崔琪这样有宏观规划，对能力训练的操作和目标做到心中有数，那么语文教学势必会出现一种新局面。以往谈语文课改，微观方面注意的多，宏观上改进不大。只有宏观结合微观一起改，才能换来语文教学的春天。

师德：
永有一颗赤子之心

任何一个职业对其从业人员都有一定的职业道德要求。教师这个职业，更因其特殊性而有着较一般职业更高的道德要求。社会对教师职业角色的一些比喻，如教师是人类灵魂的工程师，教师是绿叶，教师是为了学生而燃尽成灰的蜡烛，等等，都充分表达了人们对教师职业的道德期许。

特级教师是教师群体中的优秀分子，是普通教师的榜样。特级教师的榜样角色，首先就体现在其高尚的道德品行方面。如果人格卑劣、境界低微、品德不良的人都能被评为特级教师，"特级教师"这个称谓对真正优秀的教师来说还能有什么意义呢？

在师德方面，崔琪是名副其实的特级教师。她的境界之高，心胸之宽，德性之美，人格之优，是我们在与她相处过程中很容易就感受到的。我们真羡慕她的学生们——从她那里，他们得到的是一种春风化雨般的教育。

崔琪的笑容让学生如沐春风

一、灵活性与原则性的结合

正如崔琪的自我介绍，她是一个既灵活，又有原则的人，有些事不含糊，有些事好商量。比如，在前面提到的教学思想上，崔琪的原则性和灵活性就体现得很充分。语文教学科学化就是一个不能妥协的原则，而与时俱进地探索新时期语文教学科学化的具体策略就体现了她的灵活性。严厉与宽容之间，崔琪把对教育的认识、对语文教学的认识和对学生的认识展示得淋漓尽致。

1. 教师权威之不含糊

崔琪坦言，自己也会对学生发脾气："有时候，学生做了有损对方人格的事情，我可能就会生气。比如说，上课讨论一个问题，有同学正在发言，这时候教室'轰'地乱起来。那我就会很不高兴，因为这首先是对别人的不尊重。我就要叫大家停。我教过一个学生，上课总爱说话，我想这可不行，得管了。于是，我找他谈话，跟他聊了一个小时。他回家就跟自己的家长说，'我们老师说了，说话是好事，但不能在上课时说，我是小孩，重要的是要多听。一个人说多了他就空了，要多听一听，才会变得富有'。我这样说，学生挺接受的。所以，后来他上课就不乱说话了。"

除了保证课堂上必要的秩序，崔琪还非常重视在日常生活、学习过程中培养学生的道德品质。对接手的每一届学生，她都会在首次进行大考之前，对他们进行"拒绝作弊"的教育。在这类活动中，崔琪并不是像其他老师那样，疾言厉色地宣讲作弊的恶果和惩处之法，而是在黑板上写下四个醒目的大字"君子慎独"，然后为学生解释这四个字——君子在独处的情况下更要谨慎。崔琪告诉学生"在真相肯定无人知道的前提下，一个人的所作所为最能表现他的品质"，鼓励他们诚实做人，真实做事。崔琪的学生颇有感触地告诉我们，崔老师经常从一些小事出发，见微知著。"崔老师对我们平时做事、做人方面都会提一些要求。有一次我们听一个讲座，讲座过程中，秩序不太好。崔老师第二天上课就给我们讲道理，她告诉我们，鲁迅先生很早就批评中国人有两种劣根性，一种叫奴性，一种叫贱性。奴性就是人家管着你的时候你就表现非常好；贱性就是没人管的时候，你就暴露出自己身上的不足和缺点了。然后她希望我们能想办法去除这种不好的习性。我们印象很深刻，而且觉得这种道理并不让人反感。"

2. 教师权威之好商量

崔琪尊重包容各种个性的学生。所以，你会看到男孩们会在欧洲杯的时

崔琪：用语文锤炼学生的思维品质

候充满激情地和不爱足球的崔老师讨论；你会看到长不大的顽皮女孩和她侃史努比狗，令别人都烦恼的问题女孩和她倾心交谈；你会看到"耍赖皮"的孩子跑到她这里瓜分糖果，爱较真的学生即便有外人听课也"毫不客气"地和她激烈争论。按照崔琪自己的话就是："我坚信，'天生我材必有用'，学生不一定要成为什么'家'，只要他做的是社会需要和欢迎的，他就成材了。就像我们讲台前的三盆花，颜色、形状、大小、芳香各不相同，但都一样美丽。"

崔琪说，自己年轻的时候也会对学生发脾气，1999 年，由于患了身体疲劳综合征，加上心脏也不太好，崔琪发脾气的方式变成拍桌子。但是每次生气想拍桌子的时候，又意识到不该让学生受惊吓，所以手常常在拍下去之前就在半空停住了。现在的崔琪，碰到上课纪律混乱的情况，通常会让学生们先安静下来。如果出现混乱是因为一些有趣的事情，师生一起讨论热闹一番，学生也就不闹了。"咱们把道理说清楚，既然好玩（指有趣的课堂事件）嘛，好玩就先乐，等乐够了，再言归正传说正事。"

除了课堂上的"众乐乐"，崔琪对于学生在教学中的"挑衅"处理得也很坦然——"有一次我们学《屈原》，我本来设计了问题，想让学生先读文章，然后参加讨论。但上课的时候，我把问题一提，学生立刻说：'老师，您这个问题有意思吗？'当时我的第一个问题是'屈原该不该自杀'。学生说：'他反正是古人，已经死了，该不该自杀没什么可讨论的。'我设计的第二个问题是'屈原是自杀而死的，为什么千百年来人们这样怀念他，他有什么地方值得怀念？'但出乎我的意料，学生们认为讨论这个问题也很无聊，我很不理解，便问道，'你们根据什么说这个问题无聊呢？'学生说：'吃粽子已经是一种习惯了，无论是否纪念屈原，大家都会吃粽子。一吃粽子，我们不就想起来要纪念屈原了？讨论他有什么值得纪念的地方实在没有必要。'既然这样，我就说，'如果你们要教课文你们怎样设计？'然后他们自己提出了问题，讨论得还挺热烈。"

教师问题提出来，学生不感兴趣，就让学生提出问题，这需要教师的应变能力和宽容的心态，更需要长期的修炼。崔琪并不讳言这种尴尬的局面，她笑着说，"弟子不必不如师，师不必贤于弟子，我挺能给自己找台阶下的。学生自己想出来的，往往是些新东西。比如，有一次讲《廉颇蔺相如

86

列传》，有学生说秦王在朝廷羞辱蔺相如是一种反间计，我从来没听过这样一种说法。我说，你是怎么发现这个问题的？有什么根据？学生说秦王惯常使反间计。他认为廉颇很厉害，于是便把蔺相如放回去，让他们自己相争，达到损害他们自己内部力量的目的。我说：这个说法从来没有人说过，但有独到之处，你是否可以就这个问题写篇论文？"

美国学者 R. 克利佛顿和 L. 罗伯特是美国研究教师权威的专家。他们指出，教师的权威主要取决于制度性因素和个人因素两个方面。制度性因素形成教师的制度性权威，个人因素则形成教师的个人权威。制度性权威主要由社会的文化传统和社会制度赋予教师的法定权限所决定。个人权威主要由教师的个人学识、专长和人格魅力所决定。

在我国，尊师重教是我们文化的传统，但事实上，从各项教育法规，比如《中华人民共和国教育法》和《中华人民共和国教师法》的实施上看，教师的制度性权威并不牢固。在教学实践中，大多数教师还是要依靠个人的权威来发挥教育的影响力。也就是说，他们要凭借个人的学识、专长和人格魅力来影响学生、教育学生。

崔老师在学生心目中的权威地位是显而易见的。当学生"违规"或做了有损别人人格的事情时，崔老师丝毫不给商量的余地，一定要"扳"过来。而每次受教育之后，学生不但不会产生抵触情绪，反而更敬重爱戴他们的崔老师。同类行为背后不同的应对措施，反映了崔琪对于教师权威的深刻认识：无论何时，教师在课堂上对学生行为的控制，最终目的都在于保证教学的顺利进行、学生学业以及人格的全面发展，而不是单纯体现和维护教师的权威性。

2008 年 9 月 1 日教师节来临之际，国家教育部和全国教科文卫体工会全国委员会发布了新修订的《中小学教师职业道德规范》，其中第三条规定，教师要关爱学生。其具体内容包括：关心爱护全体学生，尊重学生人格，平等公正对待学生。对学生严慈相济，做学生的良师益友。保护学生安全，关心学生健康，维护学生权益。不讽刺、挖苦、歧视学生，不体罚或变相体罚学生。

作为一名特级教师，崔老师对学生的关爱并不停留在口头和观念上，而是化到了日常教育教学生活当中。在细微之处，我们能够深深地体会到她对

学生心灵的呵护和尊重。这种发自内心的关爱之情，反过来又进一步巩固了崔老师在学生心目中的权威地位。对学生的严格要求和学生对她的尊重热爱就这样得到了统一。

3. 对待工作之不含糊

崔琪刚参加工作的第一年，就赶上了一个"大事件"——和崔琪一起担任高二年级教学的另外两位语文教师，身体相继都出了些问题，短时间内无法给学生授课，学校一时间也抽调不出多余的人手。于是，崔琪一个人就挑起了 1 个年级 5 个班的全部语文教学工作，维持了正常的教学秩序。她回忆说："那时候，1 个班 1 星期就有 4 节课，5 个班 1 个星期就要上 20 节语文课，要把所有的东西重复讲 5 遍，虽然很辛苦，但我的工作能力在这种挑战下却也得到了很好的锻炼。"

一时间，崔琪的名声在学生、家长以及同年级的其他教师中间都传开了。学生们回家就跟家长说，"我们语文老师病了，换了一个特年轻的语文老师，特能干，一个人带 5 个班！"当时还是年级组办公，同年级各个学科的老师都在一个大房间里办公，其他学科的教师都很多，唯独语文学科，诺大的三张桌子旁就只有崔琪一个人，显眼之极。大家立刻记住了这个年轻人，觉得她挺努力，也挺肯干的。

工作中的崔琪

崔琪向我们介绍说，清华附中几乎从来没有因为教师有事，比如生病等问题而停课。她刚来的时候，老教研组长以及同事们都是1965年、1966年大学毕业分配到清华附中的，照崔琪的话，"那些人都特别甘于奉献，对工作有着绝对高度的热情。"崔琪自己从1995年开始当教研组长，在这个位置上干得最多的事情就是"打补丁"，即替临时有事的教师代课。"可能今天谁怀孕了，明天谁生病了，需要休息；或者谁家里临时有什么事情了，半夜里一个电话打过来，我就想方设法安排其他老师上课，实在安排不开，那只好我去给人家'打补丁'"。

2007年，北京进入高中新课改，崔琪在清华附中的语文组里义不容辞地再次打头阵。"大家对新课改中选修模块的安排都没有什么清晰的看法，也不知道将来会怎样，那就得我们这些'老朽'顶上去。如果学生有发展需要，你却开不出课来，你就要承担责任，因为你没给他们提供发展平台！这个责任我们也承受不起呀！对课改，我们真的是殚精竭虑、毕恭毕敬、战战兢兢。"所以，崔琪经常开自己的玩笑说："特级，就是特着急干活！"崔琪真正评为特级之后，她自己心里很清楚，面对课改，首先，在学术上不能含糊，其次，在一些问题上一定要实事求是，如果违背了规律，或者做的不合适，别人不敢说的话，她必须站出来说。"我觉得，我这点性格可能也和我的经历有关。公安部门出来的人一般都比较'直'。我就是这样，该说话的时候就只讲个理，其他的全不论。"

4. 对待工作之好商量

崔琪一直认为，一个幸福的家庭对于教师个人的生活以及工作都是非常重要的。一个老师如果家庭不安定，那么他（她）就很难当一个好老师，因为他（她）的教学心态可能没那么平和，在人际关系的处理上也可能会存在一些问题。

崔琪回忆说："我原来在北师大上学的时候，有一位做中学教师的同学。她个人全身心投入学校工作，很难顾及家庭，儿子因一起意外事故而身亡，生活很不幸。当时，班里曾讨论过这件事，我就提出了我的看法。我说，将来我当老师一定不能这样，一个老师连家都没了，那她肯定不是好老

师。当老师，首先就要把自己家弄好。我们有的老师夜里一两点给我打电话，因为孩子生病需要请假，我就告诉他们暂时不要牵挂工作的事，先把孩子照顾好。我特别不希望大家在宣传特级教师的时候，总是在说他们为了工作不顾家庭，工作搞得很好，家庭生活却因此而受影响。"

崔琪与爱人、女儿在一起

清华附中有一次招聘，北京语言文化大学一名魏晋文学专业的博士前来应聘，崔琪作为当时的教研组长，参加了她的面试以及试讲。"那个学生在整个面试过程中都特别从容，我们挺满意。但因为这个前来应聘的博士29岁，即将面临生育问题，于是我建议领导让她先歇半年，生了孩子之后再来工作，后来领导就让我出面去和她谈这件事。结果她挺感动的，她说之前没有人给过她这样的建议。"

在评价年轻教师的时候，崔琪同样带着一种宽容的心态和眼光："现在的老师很多是'80后'的。老实说，他们没有我们那一代人的那种投入与责任感。这也是时代造成的。'70后''80后'的成长环境和我们很不一样。我不能用对待我们自己的评价标准来评价我们的学生，也不能这样评价我们的年轻老师。"

在清华附中曾经发生过这样一件事情：一次课间操的时候，一辆拉废旧桌椅的汽车从教学楼的门口正缓慢地开出校门。一个孩子不顾周围同班同学的劝阻，爬到汽车后面，结果不小心掉下来，当场被汽车压死。这件事情发生之后没几天，学校里面评比区学科带头人，这个孩子的班主任也在评选之列。有一些老师提出异议说，这个班主任没有资格评学术带头人，因为他带的班里有学生出事。这时候，崔琪站出来对大家说："这个小孩出事的时候，这个老师在哪儿？他在昌平参加学习。这件事和他没有什么关系，老师不能像保姆一样，每一分每一秒都看着孩子，而且当时那个学生爬上车以后，那么多同学都叫他下来，这说明这个老师的工作已经做到家了。咱们这次评学术带头人，关键是看他在学术上的研究成果，看他的研究能力，看他能不能带动他这个学科的老师一起来搞好教学研究。如果因为一个学生的意外而否定了这位老师在学术上的成绩，这是很不合理的。"大家听完崔琪的这番话，觉得不无道理，纷纷投票支持这位老师，最终这位老师被评为学术带头人。

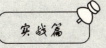

实战篇

之一：换位思考，以理服人

崔琪遇到过这样一个学生，高三了，还是成天不学习，家长着急找到班主任，班主任找了这位学生谈话，可学生居然跟班主任吵了起来。无奈之中，早已不当班主任的崔琪老师出面了，在她的询问下，学生告诉崔琪，自己有很多爱好和特长，将来可以从事这些方面的工作，学习和参加高考对他来说并不重要。

崔琪帮助他一一分析了自己的爱好、特长以及这些爱好、特长与其学业和未来发展之间的关系问题。最后，崔琪告诉他，"兴趣、爱好可以培养，但目前看，你只有一条路——努力学习。你必须经过高考这条路，考个好大学，学一门专业，掌握一个本领"。学生听了崔老师的这一番劝导，果然开始一心一意地投入到高考复习之中去，并最终取得了令自己和家长都满意的成绩，其爱好特长在他读大学期间也得到了很好的展现。

想想崔琪的策略其实很简单——以理服人而已。只不过，这个理不

是所有老师都能讲出来的。特别是对于很多年轻教师来说，面对上课说话、不肯学习等现象，年轻教师常常缺乏足够的耐心，他们甚至会想：哪有那么多道理可讲？但崔琪却能把问题背后的深刻道理认真分析出来，讲给学生听，使其认清问题所在，并及时予以纠正，这种能力和积累不是一朝一夕可以形成的。我们请教崔琪这里面的诀窍，崔琪便娓娓道来：

"任何时候，你只要换位思考一下就会想明白。比如，别人要问我，崔琪，你会跳舞吗？你会做诗吗？你会唱歌吗？我想我什么都不会，我会很受刺激，然后就会发奋学一门什么，至少这样做会觉得自己有用。所以，我想，要是仔细分析学生的现状并与之沟通，他们也会很快明白自己的问题。我记得我在韩国时，看到那里的学生特别玩命地学习，咱们国内很少有学生像韩国学生那样刻苦。早晨7点到校，一个小时早读，读完了，8点正式上课，50分钟一节课，一直上到差不多12点。中午40分钟休息，接下来，下午再上3节正课，一天7节正课上完以后，还有提高课，其实就是加课。5点钟下课后，只有一个小时的吃饭时间，6点半是晚自习，一直到10点半。完了之后有校车送学生回家，可实际上没有学生回家，大家都去上补习学校，学生哪门功课差就去补哪门，一补就是两个小时，从11点上到夜里1点，上完才回家。学生告诉我，晚上真正睡觉可能得到2点半或3点，如果这一天有什么不愉快的事情，晚上打电话与同学聊聊也可能就到凌晨4点了。第二天早晨7点又要到学校，开始新的一天同样的生活。他们这样刻苦，就是为考一个汉城大学。因为各大公司在招聘的时候就认汉城大学的毕业生，考上汉城大学就意味着有了良性循环，未来的发展就会有很好的基础。相反，如果中学这一步没迈上去，以后很有可能每况愈下。因为其他大学的毕业生很难挤进像"三星""现代"这样的大公司，只能被一些私人小公司聘用。正是因为这个原因，韩国中学生的目标和动力都非常明确。我这样给咱们的学生一讲，他马上就明白了：我现在的学习，和我将来生存的位置、我能不能体面地活着是密切相关的，所以学生很认可。当然，我这样教育学生比较功利，但很实在，学生一听就能认同。当然，这种话得单独谈，不能大张旗鼓地说。

之二：先成人再成材

从 1983 年到 1995 年，崔琪断断续续做了 10 年班主任。在做班主任时，崔琪始终把抓班风和培养各种习惯作为工作重点，时刻注意对学生的思想教育和心理指导，坚持"在美化学生的同时不断完善自己"，要求学生先成人再成材。她严慈并举，恩威适度，当先生也当学生，与学生建立了深厚的友谊。下面便是她做班主任工作中点滴的回忆。

1. 开班会

每周一早上和周四下午第二节课是学校规定的班主任工作时间，我有所侧重地使用。周一是一周的开始，学生们经过周日的休息，一般都有些倦怠。所以我常常是用周一的早上，总结上周班级工作，大力表扬好人好事，尤其表扬那些一直默默无闻或者不被大家了解的学生，哪怕他们只有一点点进步；进而提出应该强调的要求或者提醒应该引起注意的一些问题，让学生在明确严格友善的要求下，开始一周的新生活。

而在周四，除了按照学校的要求做主题班会外，只要没有什么特殊的事情，我就找来一些优美的文章为学生朗读。那时我最喜欢给学生念的杂志是《读者文摘》（后更名为《读者》）、《青年文摘》、《中学生阅读》，每次班会前我先筛选，择优为学生朗读，学生们也非常喜欢用这种方式开班会。

清华附中九五届毕业留影（前起二排右八为崔琪）

2. 选干部

说来有趣，在将近10年的班主任工作中，我大多是半路接班，或者从高二接班，更多的是从高三接班，真正从高一完整地带到高三的班级只有一个926班。记得拿到新生名单时，我根据学生在初中时的班级工作经验和中考成绩选定了班干部。第二天，新生报到，注册交费完成后，接下来的任务是全班参观清华园，熟悉校园环境。我正发愁应该怎样带领新生去清华园参观——因为从附中走到清华园大约有两三站地，往返最少需要一小时——我发现朱建同学主动在班内统计谁会骑车带人，然后跑到宿舍楼统计谁没有自行车，接着又跑回来安排谁骑车带着谁。朱建在烈日下从教学楼到宿舍楼跑了好几个来回，大汗淋漓，完全没有让我操心就将此事全安排好了。在年级7个班里，我们班是第一个前往清华园参观的，而且无一人步行——人人有车骑或者人人有"车"坐。看到朱建那么无私地为大家做事，我很感动，所以第二天就宣布由他做班长。总之，新生报到的当天，我记住了我们多一半学生的姓名，并根据他们当日的表现修改了班委名单。结果到期中考试第一次改选班委时，除了一名副班长被选掉外，其余班委都连任了，而且一直连任到高三毕业。

朱建为人热情，正派淳朴，从不计较个人得失，确定让他做班长，是我最得意的事情。在他的带动下，也因为我的不断表扬，班集体形成了积极热情、努力向上的良好风气，以至于全班学生都逐渐养成了这样的品格。学校老师在评价我班学生时一致赞扬说："你班学生都像你，热情踏实。"926班也因此连续获得清华附中甲级团支部和优秀班集体的光荣称号。

3. 开家长会

记得当时学生很怕开家长会，家长会在学生看来就是"告状会"。我觉得家长和孩子中考时选择清华附中，本身就是对附中的一种信任，因此家长会上一定要让家长们听到自己孩子进步的消息，对个别学生的具体问题，如果需要家长的帮助，也要单独留下家长个别谈。为什么会有这样的认识？因为我刚当班主任第一次开家长会时，经历过这样一件事情。一位家长在众位学生家长面前与我打招呼，为了尽快与之熟悉，我在众人面前随口说道，"欢迎您！昨天您的孩子还在宿舍楼踢球来着，宿舍老师还让我批评他呢。"结果第二天，这位家长的孩子找我道歉，说昨晚他爸爸把他狠狠地训了一顿，让他今天赶快来向我承认错误。我当时后悔极了：我的本意不是要告状，但结果与告状无异。所以，从那以后我就特别注意了，家长会一定报喜不报忧，同时注意说话内容与方式，绝不能让家长当制裁官。

4. 教导学生俭朴生活

清华附中高一年级每学年的第二个学期都会有一次外出进行地质考察的活动。第一次参加这个活动时，不少学生带了熟肉和话梅等零食作为午餐。我带的是在食堂买的面包，而午饭时我发现，班上有几个家境困难的学生竟然只带了两个馒头，这件事对我震动很大。以后，只要是学生的外出活动，我都事先提出要求：午饭吃饱就好，不要把外出活动变成饕餮之举。后来与我同年级的其他班主任老师发现，只要外出活动，我们班学生的午饭都非常简单，而他们自己班的学生则又带烧鸡又带罐头，奢侈异常。为此，他们都非常羡慕我们班学生俭朴的生活作风。

5. 帮助后进生

我带的926班，到高二下学期时，从深圳转来一个叫黄河的学生，他的父母是插队知青，落实政策后他就回到北京上学。黄河刚到我们班时功课不好，除了迷恋电脑游戏外，几乎没有任何可圈可点的地方。期中考试有好几科都亮了红灯，排名也在班级最末。尤其是英语和数学，与班级平均分差距非常大。根据这种情况，我要求班里英语成绩第一的同学和数学成绩第一的同学每天下课后给黄河补习当天的功课，帮助他完成相关的作业。到了高三，我又重新安排学生座位，让各科优胜者分别围坐在黄河周围，每人负责黄河一门功课的复习。黄河最终由高考完全无望，达到了当年高考的本科线。这种互助互爱的班风也一直保持到毕业后多年。黄河还作为班里"校友录"的负责人，义务维护网页，召集同学聚会，同学间的情谊历久弥新。

6. 及时与家长沟通，取得家长的支持与理解

926班有一名女生，家境极为富裕，但过于贪玩，对学习不感兴趣，学习成绩自然可想而知。高三后，每周回家时她妈妈都会因为学

习成绩的问题跟她发脾气。她非常沮丧，情绪低落，本来不高的成绩更往下滑。于是我把她妈妈请来，耐心地说服她，"孩子身体健康品质好是第一位的。如果总是批评她训斥她，她心绪不好，会更影响学习。应当多鼓励她，及时表扬她的一点点进步，哪怕只进步了一分，也要赞美她。要放平心态，只要她开始努力学习，能考上大学就很好。以后的路还长，不必在乎现在考什么样的大学。"家长听了我的劝告，克制焦虑，竭力表扬女儿，最后那个孩子果然考上了比较不错的大学。

还有之前提到的朱建，他做班长后，他妈妈特意来到学校跟我说，朱建在初中时只是普通学校的学习委员，现在来到北京市重点中学担任班长，恐怕做不好，她希望我在期中考试后把朱建替换下来。我告诉她，当班长对朱建是很好的锻炼，孩子的人生由此丰富，不论是待人接物还是处理其他各种复杂的问题，都会让他增长经验，这些对他未来的发展会有很大帮助。他妈妈看我态度坚决，抱着"试试看"的态度答应了下来。后来改选班干部时，朱建仍以全票继续当选，我马上打电话向他妈妈报告了这个消息，并且之后每次改选，我都及时把朱建全票当选的消息告诉她。直到高三时，他妈妈再度来找我，说朱建这两年的进步实在是太明显了，感谢我的坚持。

之三：见微知著——语文课里的德育

道德的天平已经倾斜
——从一次小作文说起

【事件回放】

一、背景简介

写作学生：2003 级高三理科学生

写作时间：高三第一学期末（2005 年 9 月 24 日）

作文题目：

根据下面的文字，展开合理想象，描述这位女护士的心理活动，不超过300 字。

一位年轻的女护士，第一次给一位赫赫有名的外科专家当助手，复杂艰苦的手术从清晨直到黄昏，眼看患者的伤口即将缝合，女护士突然发现，用掉的十二块纱布只取出了十一块……

54份作文交上来后，笔者惊讶地发现了下面几篇"问题作文"（请注意有下画线的部分文字）：

（1）

那一瞬间，她突然变得万分镇定，所有的可能性都在她脑中闪过："即使这块纱布没有取出，我也不会负任何责任，这都是主刀专家的过错。我正好看这个专家不顺眼，这病人又穷耗了我一整天的宝贵时光，死了活该。"于是她心安理得地拿了一块干净纱布，在血水中沾了沾，与取出的十一块放在一起。

窗外没有风，夕阳下的树枝一动不动，犹如她的手一样稳定。

（2）

她想，可以将这十一块纱布留起来，事后可以威胁专家。他那么有名，敲个几万块钱不成问题吧！这大可以和男友共筑爱巢了。但转念一想，患者呢？难道眼看他遭受痛苦乃至死亡？……算了，反正也不是我把纱布放进去的，说出来一点好处都没有。到时候说不定会被患者的家属反咬一口，这年头，人心这么坏……嗯，还是钱来得实际，到时候，我不说，他不说，谁会知道。

（3）

女护士数完一惊：我才十九岁，还有几十年的生命，可是患者活了几十年，再也活不了十九年了。我若隐下这块纱布，必被良心所骂；我若说出这块纱布，专家他名声尽失。我只好采取B计划了，是冲上去推开专家，亲手取出纱布，还是在十一块中加一块呀？不好，他缝上了！唉，只好将其中一块裂为两块了。这样做就万无一失了，既保留了他的名誉，我也可以问心无愧了。

（4）

女护士看着专家，心里七上八下：怎么办呢？不说患者肯定会受伤害，说了专家给我小鞋穿怎么办呢？她的脑子里仿佛有两个小人在争论，正义的小人说："不说的话患者今后怎么办？一块纱布引起的后果你也不是不知道，快说呀！"而邪恶的小人说："你丫傻啊，把纱布藏起来，诈他个十万八万的，你不就有钱了？"女护士心里默念着："打

丫挺的！"终于，正义小人战胜了邪恶小人。

（5）

女护士发现纱布少了一块，不由心中一凉："晕啊，这个专家他白痴啊，纱布居然都不取出来，耽误人家治病不说，还损坏我的名声，看来这样下去我该被解雇了。没办法，只好委屈这个病人了，纱布又不是炸弹，要不了他的命。况且我也不能不给人家专家大人留点面子，以后没准还提拔我呢。（想到这，口水流了出来）好吧，最毒妇人心，就这么决定了，嘻嘻。"

（6）

咦，怎么只有十一块纱布？我明明记得用掉十二块纱布，但……说还是不说呢？说吧会影响专家声誉，我也会下岗，被开除。不说吧，对病人不公平，可病人与我又有什么关系呢？说了又不会提工资，如果有事，我就推给医院，让医院去赔钱，对，就这么办。一狠心，她胡乱收拾好十一块纱布，满意地笑了。

二、教师课堂讲评

我认为，上述作文反映出一些同学的情感态度价值观出现了问题。因此，在课堂评析上述作文时，我着重强调了以下四点：

1. "我正好看这个专家不顺眼，这病人又穷耗了我一整天的宝贵时光，死了活该。"反映出人物的一种阴暗心理——嫉妒强者，厌恶弱者。

2. "这年头，人心这么坏……嗯，还是钱来的实际""没办法，只好委屈这个病人了，纱布又不是炸弹，要不了他的命。况且我也不能不给人家专家大人留点面子，以后没准还提拔我呢"。——反映出人物缺少起码的职业道德，为了金钱可以不顾他人疾痛甚至生命。

3. "我才十九岁，还有几十年的生命，可是患者活了几十年，再也活不了十九年了。我若隐下这块纱布，必被良心所骂；我若说出这块纱布，专家他名声尽失。我只好采取B计划了。"——反映出人物的自私自利和有备而来，"B计划"是什么？似乎在手术前就做好造假作弊、阴谋陷害的准备了。

4. "你丫傻啊""打丫挺的！"——语言粗俗，带有地痞气。

我点评道："文如其人，言为心声。虽不排除有些人的恶意搞笑哗众取宠，但也必须看到：能把小护士想象成毒蝎心肠，见利忘义，财迷心窍的势利小人，从某种程度上说，刚好折射出作者对人物心理的揣测和评价标准，折射出他们价值观的偏离。因此他们笔下的小护士，才会有违反社会道德底线的取舍，才会如此自私冷漠、无视他人！"

"当我们竭尽心志培养在座的每位同学时，想到的是为民族锻造未来，为祖国培养栋梁，为高校输送人才。如果我们培养的学生成绩很好，但却自私自利，凡事只想自己，人格低下、无责任心，那么即使将来他学有所成，又怎能担得起为国家发展、民族兴盛和人人幸福而努力奉献的重任呢？"

"这是个严重的问题，希望同学们仔细考虑。"

我点评之后，要求同学们当场就此次作文出现的问题和我的讲评写一则"一言心得"。

三、学生的"一言心得"

全班54人，有44人交上了自己"心得"。统计如下：

学生所持观点	人数	百分比
1. 这样写是为课堂增添乐趣	7人	15.9%
2. 作文表达了我们挣脱束缚的要求	6人	13.6%
3. 作文文笔很好，富有创意	3人	0.68%
4. 作文真实地反映了现实生活，很不错	5人	11.4%
5. 读后感到震惊，为这些同学感到羞愧	7人	15.9%
6. 赞同老师的讲评，支持老师的观点	16人	36.4%

【值得深思的问题】

一、学生的取舍失当

从"一言心得"的统计中可以看到，有52%的学生认同我的点评，为自己的同学中出现这样的"价值取向"感到羞愧和震惊，而48%的人是为这些作文叫好的。他们认为"要是抛开考试不谈，这些文章除了文字不堪入目，其余也没什么大不了。用批判的眼光看当今社会，自然看到的多是它的阴暗面，这也从一个侧面反映了社会主流是正义和平的。难道就只许我们对社会歌功颂德，而不许我们对其批评、揭露吗？"虽然据此我们还不能说"正不压邪"，但将近一半的人认同这些

作文，确实是个值得深思的问题。

而在众多的"一言心得"中，还出现了下面"劝慰"笔者的表达：

"估计他们都是为了'上榜'（指被教师选做分析个案）才这么写的，真正考试不会这样。""上考场大家就都会变得高尚起来。嘻嘻。""相信真的到了考场就不会有人这样写啦……""可以理解他们的观点，现在这个时期，谁人没有一些奇特的观念，但是这些观念对个人的发展不会有好处。所以还是将它们深深埋藏在心底，好好把握自己。"

看到这些表述，我更加忧虑：难道我们正在培养的是道貌岸然、阳奉阴违、言行相悖、表里不一的伪君子吗？

二、学生道德价值观的偏颇

在这些作文中，我们看到，女护士面对手术中出现的情况，想到的更多的是自己的切身利益，想到的是如何利用这个"机会"为自己做些什么，想到的是事后追究责任时自己的退路，而不是病人的生命会怎么样，与事相关者的感受会怎样。在整个过程中反映出的，是缺少同情感、责任心、基本的职业道德和缺乏对他人生命质量甚至生死的尊重。

联系几年前的"9·11"世贸大厦中逃生的动作描写①和听到广播后，高三学生拒绝"去图书馆搬书"的场面描写②，不能不让人警醒：

---

① 动作描写（2001年9月14日，高三理科班作）

作文题目：2001年9月11日凌晨，当飞机撞向世贸大厦时，你正在楼里上班。请通过动作描写表现自己的逃生过程。300字左右。

学生作文：猛然间，我觉得大楼剧烈地颤动起来，接着听到有人喊"撞机了，快跑！"我推开门直奔向电梯。但电梯已经没有了楼层显示，半天没有动静。只好从楼梯往下冲。只冲了四五层，就发现楼梯已经堵塞了。没办法，我只有挥动拳头横冲直撞了。谁挡了我的路，给他一拳；走在我前面的给他一脚。我左蹬右踹可还是太慢，干脆贴着楼梯，一个翻身，直向下一层的人头上扑去……

② 场面描写（2004年10月26日，高三理科班作）

作文题目：下午第二节下课铃刚刚响过，有的同学已收拾书包准备回家了，有的打算先做一会儿作业再回家。这时，广播里传来高三年级组长的声音："同学们，我校新图书馆急需人手帮助搬运图书，希望大家前去帮忙。"这时……

请发挥想象，续写相应的内容。不超过300字。

学生作文：这时，教室里立刻人声鼎沸，有人嘴撅得老高，嘟嘟囔囔地说："这是什么学校啊，都高三了，还让人家干活，又不是没学生了。"有人从沉思中惊醒，附和道："就是，就是，高三的时间如此宝贵，干吗还让高三的同学干哪？"

也有的同学似乎没听见，依旧把头埋在书本里，透过那比啤酒瓶底还厚的镜片盯着物理题出神。有的人默默地收拾书包，有的人用书挡着脸，仍旧思考着问题，似乎什么事也没有发生。

学生们正在变得冷漠、自私，心中不再有他人和集体，不再有道德和正义。

有人认为：作文出现人物心理的多样描写，是社会多元化、学生个性化的真实反映，不必大惊小怪。但是，当我们身边处处有这种冷漠自私，缺乏道义感和同情心的学生存在时，谁还能对此种情况无动于衷呢？

【道德天平倾斜的归因】

一、社会风气的沦丧

现在我们随处可以听到人们对社会风气的抱怨：人心不古、骗子太多；公款消费、腐败猖獗；造假作弊、丧失良心；见利忘义，自私自利……

如果有人拥有"古道热肠"，那他一定被众人视为"精神不正常"；如果有人"路不拾遗"，那他就会被称做"天下第一大傻"；如果有人"见义勇为"，大家就会说他"脑子进水了"……总之，几十年前那种人人公而忘私，积极工作，以大局为重，以人民和国家的利益为重，不计报酬，甘于奉献，"一方有难八方支援""苦了我一个，幸福千万家"的淳朴、善良、大度的风气不见了！似乎可以毫不夸张地说，汉语中那些被用来称赞社会和谐、民风淳朴、百姓善良的词语，大有成为"死词"被定格在词典里，成为尘封的美好记忆的可能！

在这样的社会背景下，学生从小听到的就是"商品社会是竞争的社会，你不争就被别人争走"；"不要管别人，重要的是发展自己"；"没有人能帮助你，只能相信和依靠自己"……在这种教育背景下长大的学生，连尊重家长、尊重老师、尊重长辈都难以做到，又怎么可能要求他们先人后己，关爱他人，有责任心，有义务感呢？

二、高尚信仰的缺失

如今我们面对的高中生，绝大多数出生在20世纪90年代，他们从出生时面对的就是"全民经商，人人下海"的现实，耳濡目染的就是"时间就是金钱""有钱就有'一切'"的社会教育。所以，你对他们谈要有高尚的追求，他们会问："高尚是什么？"你要求他们有信仰，他们说："信天信地信他人，都不如信自己。"

不少人不知道自己为什么而活，只知道自己快乐是天经地义的；不知道自己的吃穿用行都是他人提供的，只知道向社会索取是理所当然

的。要求他们做事情，讲责任讲奉献是没有用的，最有效的办法就是告诉他们：你这样做了，可以得到怎样的实惠，怎样的好处。

上述情况的出现绝非偶然，因为在商品经济时代，人们对他人的评价常常是以成败论英雄，以物化结果论成败。如果我们赞美一个人，说他精神境界高尚，但生活中他却穷得一塌糊涂，那么无论怎样大肆宣传，学生们也不会崇拜他，因为他们推崇的是有成就的人，而衡量成就的标准就是财富的多寡。崇拜的是富人，向往的是富贵，信仰是什么也就不言自明了。

三、人文素养教育的缺失

随着近些年来应试教育的愈演愈烈，望子成龙的家长急功近利，使越来越多的学生把主要精力放在了学习课本知识和完成无穷无尽的习题上。而课余时间他们或者更多的被电视、网络吸引，或者从事琴棋书画等貌似"素质"实为技能的学习，极少有人愿意捧起图书阅读。即使到了假期进入图书馆，所读之书大部分也只是能娱乐生活、过过"眼瘾"的动漫书。① 没有人愿意捧读文学名著，更没有多少人愿意阅读传承文明、传承历史、弘扬民族传统与美德的经史典籍！以至于面对高考作文题目中的"冬妮亚""桑提亚哥"②，有不少学生惊呼："那是什么东东？"

不读书，怎能知人知世？不知人知世，怎会做人处世？不会做人处世，那该是怎样的人（如果他还是人的话）？指望这样的"人"传播文明、传承文化和创新发展，不是天方夜谭吗？

也许有人会说，学生在学校读书就已经是在了解文化历史、接受传统教育了。这话不错，但在学校学的这点"文化历史""传统教育"，比起浩瀚的人生长河，不过是大煎饼上撒下的几点芝麻！——还没有感受到芝麻的香味，学校学习就结束了！更何况，人文素养是靠读书、靠

---

① 据 2004 年《羊城晚报》报道："广州市少年儿童图书馆，是广州孩子假日的读书圣地，每年进馆读者近一百万人次。图书馆统计了一个季度的书籍借阅量，结果发现排在前十位的书籍中，有九本是日本漫画书。"

② 冬妮亚，苏联作家奥斯特洛夫斯基的著作《钢铁是怎样炼成的》中女主角；桑提亚哥，美国作家海明威的名篇《老人与海》的主人公。

思索，慢慢"熏""泡"出来的，仅靠课堂上的一点点学习是远远不够的！

一位智者说，没有科技的国家是一个穷困的国家；没有文化的国家终究是要灭亡的。中华民族的强盛不仅在于它的日渐富裕，更在于它独特的文化。而不读书，尤其是不读名著与经典，又奢谈什么文化、什么素养？中国的未来该怎样发展实在令人忧虑！

【结论】

当我们面对诸多问题，声讨着诸多弊端的时候，应该扪心自问：是谁让学生的道德天平出现了倾斜？答案只能是国人自己。"文化大革命""革"掉了人们的信仰和追求；"批林批孔""批"掉了我们的文化精髓；"金钱万能""教导"人们为金钱不择手段；"个人主义"，诱惑人们无视法律、践踏人格！……这绝不是危言耸听，而是我们不愿看到却偏偏要常常面对的事实！

那么，谁能为这种状况开出解救药方？答案是：只有我们自己！

当我们无力改变商品社会许多人重金钱轻精神、重实际轻道义的现实时，只能改变自己。我们只能利用我们所在的课堂，更多地引导学生热爱读书，勤奋读书，博览群书；引导他们珍视人生，珍视生活，珍视生命；引导他们怀着感恩之心，回报父母，回报社会，回报自然！

我们的能力有限，但我们的热情和决心无限！只要我们努力，星星之火必定燎原！

二、尊重学生，微笑育人

崔琪的微笑在清华附中是出了名的，她那种与生俱来的亲和力，不知感染和打动了多少学生。微笑的背后，是崔琪对学生的尊重、理解和宽容，是师生之间人格上的平等以及师生交流上的放松与坦诚。我们在课下找了几个崔琪班上的孩子，随便聊了起来：

崔老师在你们心目中到底是一个什么样的形象呢？妈妈？

——不像，不像妈妈。

——就是很好玩儿的一个老师。

——特别爱笑。

——我们叫她崔老大。比较开朗的人就会直接这么叫她，觉得这么叫她也不会生气，而且比较亲密。

——她心态年轻，跟我们比较贴近。

她从来没跟你们发过脾气吗？

——没有。崔老师总是跟我们心平气和地讲道理。讲的道理也不是什么大道理，很接近我们的生活，给我们印象很深刻。

——我想她那么爱笑，可能她不笑的时候就是发脾气了。

——印象中很少见她发脾气，上课的时候，有同学睡觉，她不会直接去点醒那位同学，而是在小组讨论的时候，走过去把他摇醒，问他为什么睡觉，然后她继续上课，那个同学可能就不会趴在桌上接着睡了。还有，收作业的时候，有些老师没收齐作业就会很生气，但是崔老师不会。头天早上如果没有收齐作业，她就会在第二天语文早读的时候拿着一本作业在教室里面逛一会儿，一边走一边说，谁没交作业的交给我。一圈儿下来，剩下的作业就都收走了，最后大家都会养成习惯，按时自觉地交作业。

崔琪与学生（杨晖）合影

——有时候，对没交作业的同学，崔老师会私下里递给他（她）一张纸条，上面写着"不交作业是可耻的"。然后那位同学就会感觉挺惭愧，很快补交作业给她，她这种方式我们都觉得挺逗的。总之，崔老师从来没在我们面前发过脾气。

——崔老师的笑，不会有冷嘲热讽的意思，她笑得很亲切，很舒服。如果你做错事情的话，这种微笑会让你不由自主地去找她坦白、道歉。

……

回到办公室，我们把学生们的这些话讲给崔琪听，她笑着说："他们可能觉得我比较随便吧。我这个人不大喜欢过于严肃，好多学生毕业以后跟我说，'在清华附中唯一一个敢放肆说话的老师，就是您'。当然，一般情况下我还是比较有原则。比如，到了正式场合，我还是要求学生有节制。说到底，一个孩子不管在别人眼中怎么样，他来到这个社会上肯定是有用的。既然他是一个有生命的个体，我们就要好好尊重他，给他的微笑越多，他就跟你走得越近。年轻时是因为性格与学生接近，总也长不大，总是在一些场合不够严肃，所以学生就觉得在我面前可以非常放肆。现在年龄大了，'恶习'也没改，但学生会觉得我这个老师不错，很了解他们。另外，如果上课时你能保持对所有学生都真诚地微笑，他们就很放心，不会紧张，他们会觉得你很喜欢他们，所以我的学生对我的评价是'一视同仁'。"事实上，不论是私下交往的"放肆"，还是公开场合的"节制"，都反映出了崔琪对学生的发自内心的喜爱与尊重。这种学生观并不是因为新课改的倡导或是别的什么原因，而是早已在崔琪心中生根发芽的教育教学理念。她深深了解学生情感的需要，爱学生、鼓励学生，用语言和行为满足学生的情感需要，帮助他们成长。这就是崔琪的教学智慧，一种充满爱的教育思想。

崔琪爱每一个学生。对于所谓的"后进生"以及个别有过激言行的学生，崔琪更是关爱备至，爱得深沉。有学生在周记中表达自己对家长或同学的愤怒情绪，言辞激烈，甚至失去理智。但不管怎样，崔琪都在随笔中使劲鼓励他，劝勉他，同他讲道理，直到他的情绪趋于理智。也有学生在自暴自

弃的时候，会在周记中对崔琪说，"老师你骂我吧，写一堆骂我的话吧"，崔琪回复时写道："为什么要骂你呢，你是很可爱的呀"。"学生只要听到这一句话就会觉得有一个老师赏识他。""这样一两句话就会使学生觉得很亲切。"崔琪这样评价自己的言行。的的确确，当老师把自己的爱心捧给学生的时候，学生健康的情感能不滋长吗？

崔琪知道学生们喜欢什么、关心什么，她了解很多年轻人关注的事情，她用年轻人熟悉的话语系统和思维方式去和学生交流，而不是将自己神圣化，摆在一个高高在上的位置。崔琪说："教师的为人和境界一定要能够得到学生的认同。比如，你说过的事情，不能扭头就忘记了，如果忘记了，也一定要非常诚恳地跟学生道歉，然后尽力去补救。这样才算是把学生真正摆到了与你人格平等的位置上。"民主的作风，年轻的心态，活跃的思维，还要有亲切和蔼的态度，要做到这一切，看似不简单，但却又很简单。当然，我们不是要求所有的教师都冲到时尚的最前沿，去看最热播的电视剧，去听最火暴的流行音乐，阅读最新出版的"哈利·波特"。也不是要求所有的教师都放下身架，不顾一切地和孩子们打成一片，甚至刻意讨好学生。教师终究还是要有对自身角色的明确定位，但是如果我们能够在整体上给学生一种宽松的氛围，然后能稍稍表现出一点对学生关注的事物的兴趣，能对孩子表现出发自内心的尊重和理解，那么，我们便能够打通与学生深入交流的真正渠道。

崔琪在一篇名为《厚爱与溺爱》的文章中专门论述了这个问题，她告诫我们，师爱的前提是尊重人格。

厚爱与溺爱

有许多老师关心学生的"感人事迹"我们耳熟能详：当学生遇到解不开的题目时，他们放弃自己的休息时间，把难题"掰开了""揉碎了"反反复复地给学生讲解，直到学生完全听懂为止；当学生出现思想问题时，他们不辞辛苦面谈或家访，直到卸下学生心中的包袱为止；当学生的作文写得不好时，他们详详细细地圈点修改，直到令人满意为止；当学生做不好实验时，他们手把手亲自指点或帮助，直到做出成果为止……这些事不是做了一两件，坚持了一两天，而是长年累月、始终如一。

不可否认，没有对事业、对学生的爱，做这些事是很难始终不渝的。我们完全可以说，对学生处处关心呵护是爱；学生闯祸自己抢担责任是爱；学生遇到难题细致讲解是爱；学生遇到难处主动救援是爱……问题是，在这种爱心编织营造出的氛围中，学生的人格是不是得到了真正的尊重呢？

什么是对学生人格的尊重？对学生人格的尊重应当是帮助学生成为真正意义上的人，使之成为既能投身社会实践、承担社会责任、创造历史，又能充分发展自己、实现其自身价值的人。人的价值的最高目标是人的更多方面的发展，是人自由而全面的发展。也就是说，当人最大程度地发挥了他的才智与潜能，并用自己的才能努力服务于社会与人类，才算真正实现了他的人生价值，他的人格也才算得到了尊重。

仔细思考人们津津乐道的上述"感人事迹"，我们不难发现其中的问题。当教师的爱像"春风吹绿""阳光照耀"像"河流山川哺育""大地母亲拥抱"般地无处不在时，学生的主动创造性降低了——面对问题，他们懒于思考，指望教师的"手到擒来"；面对困难，他们退缩放弃，指望教师的挺身而出；面对作文，他们苟且草就，指望教师的"重整河山"……他们的自理能力、自立能力、自信和责任意识都弱化了、失却了，结果只能是安于现状、重享受、轻付出或不付出。谁能指望这样的"小草"日后成为栋梁之材呢？

学生的生活、学习、思考、劳动以及一切他们力所能及的事情，太多太多地被老师和家长所替代，剩下的只是听从安排、坐享其成而已。教师倾泻的是"爱"，得到的结果却是害——学生的才智没有得到充分发展，他们的潜能没能得到自由发展。这种"爱"的结局，谁又能说是对学生人格的尊重呢？有学者提出，人的价值的实现，当然要取决于人的知识积累的多少，也取决于人的聪明才智发挥的水平，然而，最终取决于人的创新意识，取决于人的进取心、胆识和自强不息的精神。在教师无微不至的"大爱"之中，学生还会努力进取、自强不息吗？

那么，怎样的爱才是真正对学生人格的尊重呢？我的理解是，关怀而不替代，启发而不说教，帮助而不包办，指引而不命令。教师的爱对于学生应该是人生岔路口的指路牌——指示各条道路的方向与终点；应该是高速路上的维修站、加油站——让所有车辆安全快速行驶；应该是管弦乐队的总指挥——让乐器既有自身音质又跟随主旋律。正如德国教育家第斯多惠所论述的那样："教师的注意力首先是发觉人的主动性"，帮助学生"自由地全面发展。"

爱学生而努力发现他们的潜质与特长，创造机会让其施展；努力培养他们的兴趣与爱好，激发他们探询的热情与要求；培养他们自我发展、自我培养、自我教育的能力，使他们的潜能逐渐发挥出来，最终成为善于学习、理解人生、勇于创造、既懂得享受人生又能够努力奉献的真正的人。这才是对学生真正的爱，也才是对他们人格的真正尊重。

正是由于对学生的这种理解与尊重，使得崔琪在与学生相处的时候极为淡化"我希望你怎样"的思想。学生在她面前不必顾虑，更无需过多揣摩迎合老师的意思，而是尽可能让自己的个性得到充分的发展。学生在她的面前很真实，她在尊重的前提下对学生进行恰当而务实的教育，根据每个人的个体特点提出不同的要求，态度包容而中肯。所以，她很权威，但却不霸气，她总是平和地静静聆听学生不同的声音，总是民主地和学生讨论各种问题，总是能让各种能力水平上的学生都能从她的微笑中感受到自己人生的灿烂。如果说权威而霸气的老师是壶口瀑布，对人有快速征服能力的话，那么崔老师就是涓涓山泉，平和甘甜，慢慢地沁人心脾。

崔琪对学生的理解和尊重体现在课堂教学上，就是一个"等"字。提出一个问题，面对一个情境，她敢于等待，有信心等待，而不是着急地把自己想的东西表达出来。就像她的一个学生提到的："许多老师提问，顶多在学生回答完以后马上给出反馈。但是崔老师不会这么简单处理，比如她让你分析一句话，如果你第一次回答得不是特别准确，她会逐字逐句地帮助你分析，让你一步一步自己去找那个正确的答案，而不是直接告诉你答案。"在课堂上，崔琪有的时候会很安静，为的是给学生思考的时间。

她解释说，开始的时候学生可能不会，没关系，一次两次不会，慢慢地经过点拨，他就会领悟。特别是到了高二高三就可以慢慢看出更多的效果。这种"等"说起来容易，真正坚持做起来却需要很大耐心、勇气和自信。这种"等"，不仅需要教师统筹考虑实际的课时安排，更要求教师对学生的能力充满信心，消除"学生不行"的教学预设，有时候甚至要大胆地进行取舍。

崔琪回忆说，自己在刚开始教学的时候并没有想到要"等"学生，她最初来到清华附中，"极其能说"，上课时常常是自己一个人在讲，讲完了发现，太累了，不行。后来崔琪受到一位体育老师教学的启发。体育课上，学生们正在玩游戏，前面一个学生双手撑在地面上，作俯卧撑状，后面一个学生把他的两条腿抬起来，然后两人配合朝前走，这种游戏叫做"推独轮车"。前面的同学如果腰挺得太高了，就会"嘴啃泥"；如果挺得太低了，又会爬不动，所以，两人要找到一个平衡点。那位体育老师把动作要领讲解了一遍，便开始让学生们配合和尝试起来，做得规范的快一些，做得不规范的就慢，但是大家都在动，都在尝试。崔琪一想，语文教学其实也是一样：那些文章还得学生自己来读，来悟，来理解，教师最终是不能替代的。慢慢地，崔琪开始在课堂上将一些值得咀嚼的问题让学生自己去体会，"比如说，这一篇课文我设计了5个问题，那最少有3个问题我得耐心等待，一定要'逼'着他们把这个问题想清楚、找到根据，并且说出来。因此，这种等待也不是步步等，而是在一些值得咀嚼的地方等，此外，还有一些最要紧的地方我也肯定要等。"

这样"等"的后果，就像我们前面提到的，必然要有所取舍。那么，崔琪是如何对待教学中的"空白点"的呢？面对这种疑问，崔琪回答说："有些东西可能在课堂上讲不了那么全，但可能在我们做的练习册中就补上了，或者可以在周记当中就布置相关的题目让他们自己去做。关键是要让他学会方法，比如要回答阅读理解中的问题，学生就一定要从文章当中找答案。一旦他学会了这种方法，下回他就可以自己去找了。如果你直接告诉他答案，那么他下次还是不知道如何解决类似的问题……说实话，语文这门学科，你再怎么教，学生还是有不会的。好多东西本来就是教不透的，倘若真的教得太透了，学生也就没什么思考的空间了，所以，我主张给学生一些空

白，学生如果觉得有一点发现，他会非常非常地得意。"我们相信，当学生最终丢开老师这根"拐棍"走上社会时，他们在崔琪课堂上培养起来的这种自我探究、自我学习、自我反馈的能力，会使自己一生受益。

除了课堂上耐心的等待，崔琪还和学生们有一个"秘密约定"——"我每次接新班，都会和学生有一个交代：我上课讨论问题的时候比较多，讨论时你如果听懂了，就看我一眼，如果还不太明白，就别抬头。如果全班都低头了，就让你们集体讨论，4人一组，讨论完了，你们一组一组来说。这样学生上课比较宽松，不会出现提问之后什么都不会的现象。其实我自己当学生时，就常常是听得多，说得少。所以，我非常理解这样的学生。"言谈之中，崔琪对学生的呵护溢于言表，我们忍不住追问道：万一"等待"和"约定"都用上了，学生还是回答不出问题来时，怎么办呢？崔琪笑了笑，想了想，给我们讲了下面这个学生的例子：

"有一回我让学生讲故事，我想这个应该很容易的，就随便叫了一个学生。但是他站起来说自己不会。我有点惊讶，但还是说，你可能不擅长讲故事，没关系，那谁比较擅长讲故事呢？然后自然地提问起其他学生来。而这个学生也就比较体面地坐下了。所以遇到学生真的回答不出来的情况，我肯定要替他解释一下。因为我经常这样想，学生也会这样问：老师，如果你处在这个位置，你会有出色的发挥吗？记得1984年刚当了两年教师的时候，我当班主任，学生就问我'老师，你当学生的时候是不是每次都得一百分？每次考试是否都是年级第一名？'人各有所长，那位学生虽然不会讲故事，但随后在考文言文断句时，他得了一百分，全班就他一位。而这就是他与别人不一样的地方。之后我便记住了他的特点，并有意识地让他表现出来，培养他学习语文的自信心。"

崔琪的一席话，特别是那句"你可能不擅长讲故事，没关系，那谁比较擅长讲故事呢？"让我们佩服得无言以对。学生讲不出来，不是批评或简单让他坐下让别人讲，而是合理地给他们一个保全尊严的理由，并在随后的教学中细心发掘和充分发挥他们的特长，这其中又包含着多少对学生的呵护与尊重啊！

之一：对学生的信任和期望

在一次语文课上，崔琪布置学生自己先阅读课文，然后开始讨论。结果坐在最后一排的一个男生，就照着一本漫画书画起了卡通。崔琪发现后，提醒他"好好看书，专时专用"。过了一会儿，那男生又开始画了起来，这次崔琪把漫画书没收了。那男生自知无趣，便趴在桌子上睡起觉来。

碰到这样的情况，相信大多数老师都已火冒三丈，且看崔琪：

下课了，崔琪将那个男生叫到教室门外，问：

"你为什么不读课文呢？"

学生说："我觉得很困。"

"画漫画就不困了吗？"

学生回答道："也困，但总比读课文强一些。"

"不管怎样，画漫画是一种模仿，而读课文可以获得自己的见解，是一种创造。你是愿意享受机械的模仿呢，还是愿意享受创造的快乐？"

那男生低头不语。

崔琪趁热打铁："再说了，你的同桌是咱们班语文学得最不好的一个，我本来还指望你能帮帮他、带带他，没想到你自己先不认真了，唉！我也许对你的期望太高了。"说完，崔琪摇着头走开了。

这招果然奏效，再上课时，那位男生参与讨论非常积极，还多次主动举手要求阐述自己的看法。这节课结束后，崔琪把漫画书还给那个男生。

"以后还画漫画吗？"

"上课绝对不会了。"

在这个案例中，崔琪无可奈何地"摇头"以及那句充满惋惜之意的"唉！"至关重要。学生从中看到了崔琪对自己的关心和期待，于是有了自觉的学习行动。

高三语文复习课上，讲到宋代著名词人李清照的《声声慢》时，一个学生突然大声地问："老师，李清照是男的还是女的？"一句问话，引来全班的不屑和嘘声。崔琪听到问话，着实觉得意外——"上到高三竟然还不知道李清照的性别！"在同学们的讥讽声中，崔琪看到这个学生的表情很不自然，于是崔琪顿了顿，望着他，在轻轻摇头的同时叹了一口气，然后耐心地回答这个同学的问题。

设想一下，如果崔琪和学生们一样，对其冷嘲热讽一番，这个学生将会多么无地自容，进而很容易丧失学习语文的兴趣。而崔琪轻轻地一声叹气，既表现出她对这个学生的一点遗憾、一点不满，也表现出一点同情，当学生这一似乎幼稚的问题得到解答时，他会继续勇于发问，随着问题的不断解决，他的知识也会一点点丰富起来，求知欲望会更加高涨。

之二：对学生的尊重和保护

假期结束，崔琪班上的一位同学向同学们津津乐道地谈起她暑期的四川和甘肃之旅：九寨沟美极了，好像天然图画，水是彩色的，就像是咱们画画用的调色板；峨眉山高极了，到处是云雾，好像腾在空中；嘉峪关真的是天然屏障，夹在两个山头之间，不像北京的八达岭，成了公园；鸣沙山好玩极了，我从上面前滚翻下来，连续几十个，滚得天昏地暗，但一点危险也没有……

听着她像唱歌一样谈论着自己的旅行，崔琪心中一动，她想：何不用第一次班会，让同学们谈一谈自己的"旅行见闻"呢？于是崔琪通知全班同学做准备。

通知发出之后，有两个学生来到崔琪的办公室，向她道出了自己的心思：

"老师，我们俩家里都不富裕，从来没去旅游过。我们该说些什么呢？"

崔琪明白了学生的意思，连忙说："那也没关系。你们可以了解一下别的同学去哪儿了，然后去网上查找有关这个旅游点的资料，给大家讲讲这个旅游点的特点或历史，不是同样有意思吗？"

两个学生高兴地点头道谢，转身回班了。

在随后的"行万里路——我的旅行见闻"班会中，当同学们介绍完自己的旅行见闻后，崔琪问道："谁能说说这些景点的历史和特点？"这时，那两个家境不富裕的学生便拿出自己从网上查来的资料并向大家作了详细的介绍。他们的介绍博得了大家的掌声和钦佩，这两位同学也明白了崔老师的用意：虽然没条件实地去旅行，但多多阅读，同样是一种"旅行"啊！

在这个例子中，崔琪给学生出的主意不仅让他们获得了大量的知识，而且在最大程度上保全了他们的人格尊严，让他们不至于因为家境的关系失去参与集体活动的资格。就像她在讲述自己成长历程中提到的，"我小时候就体会过人间温暖，所以我后来在教学当中也特别关照那些贫困家庭的孩子，还有学习上、心理上都感觉低人一等，有自卑情绪的学生。他们在我眼里肯定是受到特别尊重的。"对待家境不好的孩子，崔琪是这样教育的，而对待学习困难的孩子，崔琪也有自己的办法。

在崔琪当班主任的时候，班里曾经有过这样一个学生。他来自农村，母亲很早就病逝了，只有父亲一个人靠种地支持他念书。父亲最大的愿望就是希望这个孩子能考上一所重点大学，改变"面朝黄土背朝天"的命运，光宗耀祖。带着这样的责任和期望，这个孩子考入了清华附中。

不久，英语老师告诉崔琪，这位学生总是不交英语作业，请她和这位学生谈一谈。

崔琪找来这个学生询问理由，他回答说："我上英语课跟听天书似的，老师说的句子、单词一个也听不懂。有一次上英语公开课，老师问

我：'What's your name（你叫什么名字?）'，问了三遍，我都没听懂，只好回答'I don't know（不知道）'。当时全班都笑作一团，英语老师也对我特别不满意。下课后，我突然明白了老师是在问我叫什么名字。我当时整个心思都集中在新课的单词上，根本没想到会问我叫什么名字。现在一上英语课，老师提问我，就有人小声说：'What's your name?'然后全班就笑。我觉得很没面子，所以想放弃英语。"

崔琪听完，便问道："换个角度想想，如果你不是当事人，遇到这种情况你会笑吗?"

"也许吧"，说着，这个学生自己也笑了起来。

崔琪进一步开导他："遇到困难就退缩，可不是男子汉的行为。说大一些，中学是打基础的阶段，任何一门学科都不可偏废，基础打得广博牢固，将来才可能有所成就；说小一些，缺了英语，你拿什么参加高考? 怎么'光宗耀祖'? 英语学习是一种积累，只要多听多读多背诵，很快就能追上来。我会尽力帮助你的。"

接下来，崔琪安排英语科代表每天下午用20分钟，帮助这个学生复习当天英语课的内容；还把自己女儿听的幼儿英语歌曲拿给这个同学听。过了一些日子，崔琪又找来英语故事书给他读。慢慢地，这个学生的英语作业做得越来越好，早读的听力训练也基本能听懂了。

后来，有一天上语文课，崔琪带学生学习《邹忌讽齐王纳谏》。当她讲到"面刺寡人之过"一句时，解释说："面，就是当面，在这里用作状语。"此时，这个曾经在学英语时出现困难的学生突然小声接了一句："face to face"，崔琪听到之后异常兴奋："对! 'face to face'解释得非常正确! 你真是了不起，能用英语解释古汉语!"听到崔琪的表扬，看着崔琪满意的微笑，这个学生决心继续努力。

高二英语短剧竞赛时，崔琪班里的学生准备表演法国作家莫里哀的喜剧《伪君子》。在招募、推选角色的过程中，这个学生主动要求饰演剧中的法警。经过近一个月的苦练，演出开始了。当剧中伪君子答尔丢夫的面目被揭穿时，国王派来的法警上场，他用纯熟的英语说道，"I announce to arrest you in the name of the King"（我以国王的名义宣布，你被逮捕了!）。嗓音浑厚，发音地道，精彩的表演赢来了台下师生热烈的掌声。而这个同学又一次从崔琪满意的眼神中读到了鼓励，从同学的赞扬中受到了鼓舞。此后，他学习英语的劲头更足了。

之三：对学生的严格要求

高一开学第二周的一个下午，已经上课 7 分钟了，一个学生睡眼惺忪地走到教室门口，看崔琪正讲得很投入，便轻轻喊了声"报告"，不等崔琪回应便慢慢走进教室。崔琪小声说："请你站到门外。"这个学生退了出去，站在教室门外听完了后面的内容。下课铃声响起的时候，崔琪请这个学生走进教室，然后对全体同学说："我之所以没让他进教室，是惩罚他的迟到。如果我让他进来了，就必然影响到全体同学听讲。今天的事，对所有同学都是一个教训。请记住，为了自己和他人，千万不要迟到。"然后，崔琪把这个学生带到办公室，继续给他讲道理。这件事对大家的震动很大，从这以后班上极少有人迟到，即使是迟到了，也自觉地站在门口，不去影响其他同学听课。

没有规矩，不成方圆，这句话一点不错。崔琪在管理班级方面非常注意从"始作俑者""下手"，事实上，她由此树立起来的威信和亲切和蔼并不矛盾。当以"微笑教学"著称的崔琪偶尔板起脸来，学生们并没有因此厌恶或是畏惧她，而是从中深切感受到了纪律对于自身学习以及人格养成的重要性。细节决定成败，习惯成就人生。就像崔琪的学生说的那样，崔老师特别爱笑，她不笑的时候可能就是生气了。

三、虚心好学，不断提升

从教二十余年，崔琪从没有丢掉虚心好学的习惯，即便是评上特级教师之后也丝毫没有改变。崔琪学习的途径多种多样，同事和学生都是崔琪的老师，生活中随手翻来的几本闲书，偶尔听到的街头趣闻，在崔琪那里也都变成了绝佳的学习材料。

CUI QI:
YONG YUWEN CHUILIAN XUESHENG DE SIWEI PINZHI

1. 向书本学习

"我一直觉得，语文老师如果有时间，可以多看小说，小说精彩的地方就两点，一是小说中有很多的人生感悟，这些感悟是我们未必都经历过的。作者写出这样的感悟，能使我们知道人在碰到这样的事情时会有怎样的心理，再一个就是教给人知识。我有很多知识都是从小说里看出来的，我上大学时读了很多小说，比如《罪与罚》《富人与穷人》《飘》，等等。那时候完全不知道现实是怎么回事，阅读过程中，整个人就生活在小说里。但是后来一想，作家很多深刻的见解，却又潜移默化地影响着自己。"崔琪的丈夫是从事出版工作的，对于一些畅销新书，崔琪一定可以先睹为快，她自豪地告诉我们："我们家的书非常非常多，大概有上万册吧！我选择买大一点的房子，首先就是为放这些书。"

崔琪与家中的藏书

2. 向生活学习

除了有目的地学习书本知识，崔琪在真实的生活世界里也是一个有心人，很多对别人来说可能是过眼烟云的东西，全被崔琪储备起来，待到用时，信手拈来。即便是周末一家人出去郊游，崔琪也不放过任何机会。拍些好看的荷花，记下各种荷花的名字，一节《荷塘月色》的素材就准备好了。

崔琪在白洋淀

3. 向同事学习

"我脸皮比较厚，碰到什么问题自己解决不了了，就会马上请教别人。我觉得，人人都有优点，所以我很注意在平时观察周围同事身上的优点。如果某位老师在某个领域比较强，碰到相关的问题，我就会主动去向他（她）求教。"崔琪回忆说，自己刚当老师不久，就曾被学生的提问难住过，她一时间语塞，只好对学生说，这个问题很重要，大家一起来讨论！好在等学生讨论差不多的时候，崔琪也开始慢慢形成了自己的想法。从此以后，崔琪特别注重积累生活中点点滴滴以备教学之用。随着时间的推移，崔琪总结自己的心态是"越教，人越严谨"。面对学生们防不胜防的问题，除了大量积累，她更多的时候则是坦言直说，"这个我真没想到，回去查了再说"。例如有一次，崔琪讲到"积土成山，风雨兴焉"，学生便问，为什么积土成了山，就有风雨从这里兴起？崔琪老老实实地说不

117

会，下课就跑去问地理老师和物理老师，"当时也有学生解决了这个问题，但我也不知道他说得对不对，所以下课后要印证一下。做老师，脸皮就得厚一点。"

4. 向前辈学习

崔琪不曾有过正式"拜师学艺"的经历，但她在成长过程中，却得到了很多人的帮助。从最早的展示课开始，附中的所有语文老师几乎都成了崔琪的"导师"，他们一起帮着崔琪准备每一次展示课。"那个时候我最小，谁都可以对我的课进行评价，在每次展示课前，我都有一次试讲的机会，试讲的时候老师们会很中肯地告诉我这个地方应该怎样处理，那个地方应该怎样讲解……我的教学技能的提升，与他们的帮助是分不开的。"

"原来我们组有一个老师，也是北师大毕业的，现在已经去世了，我非常敬重她。她的优点就是从不跟你说你喜欢听的那些虚浮的夸奖。她只会说你这个课还有什么问题。有的时候，我自己都觉得非常满意了，她还是能够指出一些问题，角度很高，眼光也非常敏锐。我觉得这样比较好，所以这种风气后来就一直在我们组延续，直到现在还坚持。作为教研组长，我常常提醒我们组的老师，评课时一定不能说这个课已经好到无以复加了，我们还要仔细研究这堂课会给学生怎样的影响，有什么效果，问问自己这样讲是不是最好的，一定要透过表象看出还潜存的问题，然后直白地说出这些问题。"

崔琪谈恩师

涌泉难以相报

说来有趣，当老师似乎是命中注定。这样说好像有点宿命论的意味，可事实竟真的如此。

1972 年初中毕业时，班主任动员我争取保送去东城区师范学校就读的机会，回家一说，父亲坚决反对，说"家有隔夜粮，不当孩子王"，之后我便考上高中，紧接着又是下乡插队。当农民将近两年时，东城区师范学校到公社招生，我又被推荐了去。幸好北京市公安学校（现在的北京警察学院）先录取了我，短期培训后，我成了600名学员中屈指可数的侦察员。再后来，为了圆自己的大学梦，1978年，我考入北京师范大学中文系学习，然后被分配到清华大学附中，顺理成章地当了老师。这一晃就过了22年。

二十多年的从教路上，有风雨坎坷，有阳光坦途，路在我的钻研、探究中延伸，我也在忧喜、奋进中成长。一路上，有那么多人——家人、同事、朋友、领导——给予我无法估量的帮助和支持，对他们的感激我无以言表。这里，我只想说说对我的成长产生过重要影响的几位恩师。

蔡清富，毛泽东诗词研究学会原副会长，北京师范大学教授、现代文学教研室主任，我毕业论文的指导教师。

在我即将到清华附中报到时，蔡先生告诉我："一个中学语文老师的成长经历应该是，5年成为比较成熟的教师，10年成为骨干教师，15年成为行业专家。"他希望我能用实际行动证明这一点。近二十年间，他一直关注着我的成长。每逢我讲毛泽东诗词时，他都尽可能地把最新研究成果告诉我，丰富和更新着我的教学储备。

记得因为毕业论文《周作人小品研究》中的两个提法含糊，蔡先生竟然罚我在图书馆里蹲了一星期，直至弄清事件始末，确定科学的提法。带着这种严谨，我开始了教师生涯。曾经为了查找试卷上出现的"黄膻（tūn）"字的读音，我翻遍了手边所有的字典，最后到清华大学图书馆找到结果。为了那一个字，我费去了两个小时。"何必如此较真呢"，事后我问自己。"没有严谨，不成学问"——先生的教诲响在耳旁；"一字不识，乃教师之羞；半点不知，乃教师之耻"——我以此来宽慰自己。

2002年，蔡先生得了肝癌，弥留之际，他对我说："一个老师的成就在于培养出超过自己的学生，如今你已经是特级教师了，我真为你骄傲，你的严谨勤奋会让你有更好的成绩，我可以欣慰地瞑目了。"先生严谨的治学方式让我受用不尽；他最后的话让我震撼，也让我感到了肩

上的重任。

万邦儒，在清华大学附中任职 30 年的校长，全国著名教育家、先进德育工作者。

初到清华附中，我心存对公安工作的留恋和对教师工作的轻视，不能安心教学，工作之余常读法律著作，希望到刚刚创刊的《法制日报》施展拳脚。我想好了"N"条理由，向万校长请求调离清华附中。万校长拒绝了我。那一次与之长谈，让我知道了校长对我的重视和期望："学生这么喜欢你，为什么要离开呢？你施展才华的天地已经打开，放弃太可惜了。当老师不难，当教书匠也很容易，但那样不行，我们学校教师的奋斗目标应该是'争做教育家'，你不想这样做么？"应该说，这番话对我不安定的心起了稳固作用。许多年来，"争做教育家"成为我的梦想和追求目标。

1990 年，为了一个有争议的代课教师能否调入我校的问题，万校长亲自征求我的意见，让我在受宠若惊之余，更加潜心于教育教学，我的论文《高三作文的成败与思考》获得北京市的奖励也始于那年。

如今万校长已故去多年了，每当我走过他的塑像，都会扪心自问："你为'争做教育家'做了什么？"

姚家祥，北京市语文特级教师，海淀区教师进修学校原教研员。

1987 年，海淀区教师进修学校领导到清华附中搞教学督导，教务主任要求所有老师都做好准备。我当时并没有在意此事，认为督导只是检查领导的工作，与无名小卒不相干。但又担心有人来听我的课，于是就准备了一节讨论课：给一个对立的话题，让学生讨论。偏偏就是那次，姚老师在教研组长的陪同下听了我的课。当时课堂气氛异常冷清，只有班长和语文科代表为了让我不丢面子，努力捧场，整节课就听他们两人你来我往地争论不休。终于熬到了下课。课后，教研组长一脸不满地问我，"你备课了吗？"，我无地自容。

事隔不久，姚老师竟然点名让我在区里上公开课，形式就是脱胎于"辩论课"的"口头作文"。他坚持认为这种形式是"简便、快捷、收效好"的课，值得推广。我准备的"小说细节分析"的公开课果然博得好评，并形成相当的影响。1990 年，姚老师又推荐我当了海淀区教师进修学校的兼职教研员，从此开始了更深层次的教学教法研究。

每次出全区高三"一模""二模"试题时，他都要求我负责基础知识部分的命题工作。1995 年，为了一道考查病句的题目，我出了 10 个病句备用，全被他"毙"了，之后出了 6 个，又被他"毙"了，前后共折腾了四次，直至无懈可击。后来，每当人们评价我"基础扎实"时，我都会想起姚老师，他那"锱铢必较"，绝不苟且的工作态度给我留下了深刻的印象。

我当兼职教研员的时候，女儿还小，而教研员研究问题总是选在教师进修之后的一个小时，即从中午 10：30 到 11：30。因为要照顾女儿吃中午饭，所以每到 11：15，我都迫不及待地强行离开，还美其名曰"回家当贤妻良母了"。按理说，这么顾家、只考虑自己的人是不应该做兼职工作的，但姚老师用他宽大的胸怀"纵容"了我这种"近乎无赖"的行为。近十年来，他都这样原谅容忍着我，由此，我懂得了做工作的艺术：待人要宽容，要体谅。

姚老师是伯乐，没有他，我不会早早地显山露水，脱颖而出。

李裕德，北京市语文特级教师，北大附中原语文教研组长。

认识李老师是在 1992 年。当时，我第一次参加"北京市破格晋升高级教师"的申报，李老师作为评委之一来听我的课。课后答辩，评委们从各个角度提出问题，他们的许多问题都问得我猝不及防，窘迫不已。只有李老师用选择题的形式提问，让我依次对他提出的几种说法进行评价，正是这种条分缕析的引导，才使我避免了张口结舌的尴尬。

破格晋升未能如愿，当时我的情绪虽没受太大影响，但听到一些同事对我的指指点点，我还是感到很不自在。这时，李老师鼓励我说，"出水才看两腿泥"，这让我坦然地面对了当时的毁誉。也就是从那时起，我开始得到李老师的无私帮助与悉心栽培。他推举我进入"特级教师讲语文"编写组，进行教材辅助读本的写作；指导我读"现代汉语语法"论著，以弥补我尚存的知识缺陷；鼓励我大胆尝试"激疑、质疑、解疑"的研究式教学；后来又教给我上网"搜、搂"资料的方法。

121

　　1997 年年初，我受清华大学委派到韩国汉城（现称"首尔"）大元外国语高中教"汉语会话"。当时，我一句韩语不会，学生一句中文不会，我只能硬着头皮用简单的英语开始讲解。一年后回国，我的英语口语进步很大。此时，李老师又鼓励我开展双语教学，虽然最终没能付诸实践，但却让我找到了利用英语语法规则解释文言特殊语法现象的一些窍门。

　　记得我常常对李老师抱怨说，学校里的琐事太多，很少有时间上网浏览搜集资料。李老师就说："这事我来做，你只管拿盘来拷贝。"现在我从李老师那里得到的电子文本资料，已达几个"G"。再后来有了光盘，李老师便把自己电脑中的所有资料"和盘托出"，刻成了四张光盘送给了我。

　　我曾为自己很早就能用电脑写作和备课而沾沾自喜，但两年后李老师也买了电脑，之后他告诉我说，他电脑中的文件有近百万字了。我感到了自己的浅薄。而"比较浅，还应该深入"，却又正是李老师谆谆教导和经常提醒我的箴言。

　　1995 年，我为海淀区观摩教学活动上了一节研究课。授课内容是王安石的《游褒禅山记》，课堂采用了诵读法，按照"初读——扫清字词障碍，再读——熟悉文本，三读——研究问题，四读——感悟哲理，五读——尝试背诵"的程序进行。课堂上充满了琅琅读书声。课后听到的是一片赞扬。于是，我自以为找到了比较好的教学方式，因而只要上课就想办法让学生没完没了地读。以至于学生评价我的教学特点时只有两个字："读书"，而我自己也没觉得有何不妥。

　　四年后，李老师又来清华附中听我的课，课后他直言不讳地提出，"你的课没有进步，和四年前没什么不同"。这批评让我如梦初醒，开始反思自己在教学上的满足和停滞，看到自己的后劲不足。那时，我开始努力为自己充电。刚好碰到清华附中和首都师范大学联合举办教育硕士研究生班，学习时间是每周日，我便毫不犹豫地报名了。在那个研究生班，我是年龄最大的，和一群年轻人坐在一起学习教育学、心理学、教育的研究方法等课程，确实有过心理不适应的感觉。但想到自己的肤浅，还是坚持了下来。而与此同时，北京市中青年骨干教师研修班的培训也在进行，时间是每周六。于是，我周六去北京四中参加骨干班学习，周日在学校参加研究生班的学习。没有娱乐，没有休息，在忙乱中学习着、思索着，这样的日子持续了一年。

如果不是李老师"点醒梦中人"，我不会主动去为自己充电，也不会有后来的再进步。

李老师是大树，为我的成长遮挡风雨，也给我的进步拓开一片天空。

顾德希，北京市语文特级教师，北京四中原语文教研组长。

顾老师大名鼎鼎，德高望重，我还在大学读书时就知道了他的名字。但真正得到顾老师的耳提面命还是在 1999 年参加北京市中青年骨干教师研修班的学习时。当时，顾老师是我们的班主任。班里只有 13 名学员，每周六到北京四中集中学习一天。虽说每周都可以见到顾老师，但我实在很怕见他，因为在他面前我永远像没有完成作业的小学生。顾老师对我的要求似乎只有两个："从教学中常见的一个小问题着手研究，整理出一些切实可行的解决方法"；"经常读书"。可就这样两个要求，我完成起来也常打折扣。

记得那次顾老师要求我们讲述自己从教以来教学研究的情况。我上台后笑嘻嘻地说，"其实我和大家一样，所有的论文都是听命之作，都是在别人的要求下写出的"。这时，顾老师定睛看了看我，微微皱眉，既而嘴角抽动了一下。这神情瞬间掠过，却深深地印入我的脑海。那个神情让我读出我的怠惰，也读出顾老师对后生的希望。正是那难忘的一幕，使得我开始将科研和读书变成自觉的行动。

章熊，语文教育专家。

和章先生的交往起于何时，已经无法记清了。总之，他对我的经历很感兴趣，而我则崇拜他的睿智。

1998 年年底，我的论文《口语表达与素质教育》获得北京市论文特等奖，高兴之余，我把论文送到先生面前，想让他看看口语训练这么做行不行。先生对我的论文，做了数处评注，指出了十余处不妥的说法，尤其是纠正了我对"中国一贯不重视口语能力的培养与训练"的归因，让我有茅塞顿开之感。先生还指导我阅读《论语》中的相关论述，使我获益匪浅。

崔琪：用语文锤炼学生的思维品质

　　2000 年，我研究中学生阅读的专著《童心拥有读书乐》出版前，出版社要求请专家写个"导读"。怀着忐忑不安的心情，我又找到了章先生。先生没有任何推辞，抱病写了两千多字的文章，对我根据教育心理学原理，系统地论述激发学生阅读兴趣的机理与做法予以充分肯定。他评价我的著作是"一种引导，引导教师们有新的发现"。先生的鼓励激发了我的灵感，让我在阅读教学中更加游刃有余，得心应手。

　　近年来，我参加了先生主持的一个国家级研究课题。在他的指点下，按照"模仿—类推—创造"的程序，对学生进行言语技能的训练与研究，与先生的接触便日渐增多，而且彼此也更加熟悉起来。每次去看他时，总要跟他说一说教学中遇到的苦恼与困惑，比如学生不读书、阅读背景苍白、过于关注考试成绩、不太注重素养的提升，等等。对于我的一些想法，先生每次都鼓励我说，想清楚了就去做，大胆一点，不要怕；要对学生的变化进行研究，毕竟已经是新世纪了，一些老的方式不太适应新的情况了。

　　先生常说，"我老了，有些事得你们来做了。我替你们读书，大家来实践。在实践中思考、摸索、总结"。我们的课题，需要读一些外国的语言研究著作，先生亲自读原文，读后，将重要的内容翻译好，然后发电子邮件给我们；后来，先生又承担了人民教育出版社新课改选修教材《写作》的编写工作，他在写作过程中，不断地提出问题让我们思考；每当写完一章，便马上群发邮件给我们，让我们知道研究的方向与重点，实施的途径与方式，使我们能目的明确地设计各种作业，旨在提高学生的言语技能，而学生经过一两年的语言实践，言语能力确实有了明显的提高。

　　章先生的"铺路精神"和探索精神时时感动和鞭策着我，让我在教学之余常常自觉地进行反思和琢磨，以期发现教学过程中出现的新问题和新规律。

　　除了恩师，崔琪对清华附中的感情也是极深的。"我觉得，清华教给我的做人主旨就是实在，一切都实实在在。你实在，学生也实在。"在清华附中校庆 90 周年上，崔琪代表教师发言，感激之情溢于言表：

2005 年清华附中校庆崔琪发表感言

"当年我插队当农民，后来返城当警察，再后来考上大学，直至毕业分配来到清华附中。特殊的经历让我散漫随意、不拘小节，甚至不安心当教师。但附中以她博大的胸襟容纳了我，以她严谨、务实的学风陶冶着我，特别是附中前辈们的积极进取、努力奉献感动了我。记得当年万校长亲自跟我谈话，他说，我们学校教师的奋斗目标应该是'争做教育家'，你不想这样做么？那一刻，我真的非常震撼。古语说，'士为知己者用''滴水之恩涌泉报'。面对校长的厚望，我再也不敢懈怠。如今我已是北京市的语文特级教师，并把'做学者型教师，美化学生的同时完善自我'当做毕生的追求目标，我知道我一切的变化都源于附中的影响。'蓬生麻中，不扶而直'，可以说，没有清华附中，就没有我今天的成熟与荣誉！"

2001 年教师节，崔琪代表特级教师发言：

"新加坡国家海洋馆门前的三个池子，分别装有三只鳄鱼，为一母所生，这三只鳄鱼本来大小一模一样，但因池子大小不同，最终依次长成长约 1 米、2 米和 5 米的成年鳄鱼。这三个池子给人以启示：环境造

125

就人。对于教育学生来说是这样；对于教师的成长来说也是这样。

我们能取得今天的成绩，全要得益于清华附中这个良好的环境，可以实事求是地说，没有清华附中，就没有我们的今天。我的每一点进步，都是在各位领导和各位同仁的帮助、支持下取得的。

清华附中严谨的学风、求实的作风熏染着我、约束着我，使我始终努力钻研，不敢有一丝懈怠。为了我献出青春与热情的教育事业，为了不让学生指后脊梁，我不容许自己在教学中有错误。为了少出差错，我一方面自己认真扎实地备课，一方面虚心学习。谈到这一点，语文组所有的老师都给我具体的指导与帮助。其实我这个人真的没有什么能力，但我相信积极互助会让人得到迅速提高。每当我有问题，不论问到谁，得到的都是细致负责的答复。

除了教学上的帮助，附中的领导和老师们也在教研组长这个工作上给了我最大的支持与帮助。在组内人手不够的这几年，许多老师主动请缨承担三个班的课程；几位女老师在没有休完产假时，就回到教学一线继续工作；开选修课、搞课外活动时，人人尽其所能；撰写论文或专题约稿时，无一人推辞；编作文选、论文选时，要求每位老师贡献15～20篇好作文，写好评语，结果没几天稿件马上交齐……这样的事情多得说不完。

此外，各位领导和同事对我个人和家庭在生活上无微不至的照顾都让我觉得自己生活在一片爱的氛围中。于是，我学会了用欣赏的眼光看待一切，学会了赞美，学会了把自己的爱回报给每一个人。当我的脸上始终带着感激的微笑时，我得到的是对方回敬的真诚与灿烂。

这么多的关怀和爱护，已经让我觉得自己回报得不够，而现在学校又给了我这么高的荣誉，更让我觉得自己无以回报。只有用更加刻苦的学习、更加努力的工作、更加深入的思考和更加科学的研究来回报社会、回报学校、回报各位老师，不断进取、不断完善，争取为学校的发展、为学生的进步多做有用的事、有益的事。锲而不舍，矢志不渝！

谢谢！

影响力:
桃李不言，下自成蹊

崔琪：用语文锤炼学生的思维品质

特级教师必然是有一定的影响力的。这种影响力通过他们的学生和同事以及身边其他人逐步扩散到学校、学生的家长、同行，甚至更远的人和地方。比如崔琪就曾在韩国任教，让韩国师生也充分领略了她的"特级"魅力。

北京特级教师的评选标准既高又严，所以，北京的特级教师在全国也颇有号召力。这些年来，"走穴"的特级教师不少，但像崔琪这种土生土长的北京特级教师，"走穴"的却不多。他们即便是外出讲课，也都是带着上级的任务出去的，而且这类活动也多数是公益服务性质的。他们自知自己的影响力，但从不滥用这种影响力为自己谋取经济利益。他们的影响力体现的是一种高度的社会责任感。在崔琪那里，她的影响力就体现了她对学生、对清华附中、对中学语文教育事业的责任感。

一、学生称她"崔老"

对学生的影响力是教师影响力的核心。对学生的影响越大，教师影响力的意义也就越大。因此，要衡量一个教师是否优秀，对学生的影响力应该是处于第一位的指标。

访谈中我们发现，崔琪对学生的影响极为深远。很多毕业了的学生都对她念念不忘。

崔琪与毕业返校的学生们在一起（前排左二为崔琪女儿）

在清华大学校级 BBS "水木清华" 里，我们曾看到一篇文章：《回忆我的高中老师——崔琪》。作者在文中这样记述：高一军训刚结束，就听说我们的语文老师生病的消息。于是，我们班的语文课就成了年级其他语文老师的流水作业。经过了很多不同风格的语文老师，三年下来，还是最喜欢崔琪老师。

还有一个学生说："我觉得崔老师很优秀。可只被崔老师带过几节课，很是遗憾。崔老师不年轻了，可总像个小孩子一样'蹦蹦跳跳'，充满活力……印象最深的就是崔老师走路，好像小时候动画片里的那个'阿童木'。'人不可貌相'这一点，在崔老师身上体现得很明显。不要以为她一天到晚乐呵呵，嘻嘻哈哈的，其实她肚中真的'有货'。她带的学生，语文成绩是一天好似一天。

"崔老"——第一天来访崔琪时，我们一进教学楼，就有一个学生这样和崔琪打招呼。我们先是诧异，采访过后再琢磨，就这一声"崔老"，饱含了学生对崔琪多么深的敬意和爱意啊！

在高 0707 班学生卜宇恒眼中，崔老师是一位爱笑的老师。

升入高中以后，发现身边的老师和初中时的大有不同，每一位都个性十足，都有自己的特点和说话方式。但是，却有那么一位老师，看上去除了爱笑，没有什么太大的特点，而这就是教我们语文的崔老师。

身为语文科代表，我本不应该这么说，但这实在是心里话。一见我们这位老师，大家都觉得她有点——傻！她看上去远没有某些老师那么精明。更加让我们坚信这一点的是，她十分爱笑，脸上始终挂着微笑。夸张一点地说，崔老师就是在训人的时候，都是满面春风，让人感觉不到一丝紧张。这不禁让我怀疑，在理科试验班，一个"好欺负"的语文老师能压得住阵脚吗？

果不其然，看见老师"好欺负"，一些同学不完成作业，不认真听讲，语文早读课时做其他事情的现象开始出现。我想，崔老师会变严厉一些吧？不会再给我们笑脸了吧？可没想到的是，老师的笑容不但一如既往，而且留的作业也在一天天地减少。这样下来，谁都不好意思不按

时完成作业了。渐渐的，作业越收越齐，语文课也上得越发有成效了。

后来，我发现，她并没有我们想象中和看上去的那么傻。相反，她很洞悉人性，很会关心人，她有着过人的观察力。

记得有一次，大家在上课时面露倦意，课堂没有以往那么活跃。她一眼就看了出来，关切地问我们是不是作业太多了。原来，前一天（指周四）晚上，我们上了数学竞赛课，回家后还有许多作业，一熬夜，就没睡好觉。崔老师听了之后，立即调整了作业，不让我们在周四有太多的负担。一位老师，在留作业之时先考虑到学生的感受，甚至跟我们说"大家今晚要辛苦了"，这实在让我们感动。

但是，敏锐的观察力也会给我们带来一些"负面影响"。每当崔老师布置读后感这一类作业之后，总会有同学上网寻求"帮助"。但她往往会先我们一步，将网上的材料、资源悉数查阅一遍，这就让我们"摘抄"作业的"美梦"成为泡影。

作为语文科代表，搬送那山一般的作业本已经成为了我生活的一部分。每次当我双手抱着44个作业本和摘抄本从语文办公室离开时，崔老师都会半开玩笑似地跟我说："幸好找了大个子做科代表，辛苦你了。"接着，快步跑到我前面，为我把门打开。就是在如此的小事上，崔老师也在为别人着想。

总有其他班的同学问："你们班语文作业留得少，可成绩却是最好的，这是为什么？"那时我还不太清楚，可现在我似乎有些明白了。老师爱笑，不过是外在的表现；作业留得少，也只是管理班级的一种手段。真正起作用的是她对学生和语文这个学科的热爱，让我们对语文也产生了新的理解。比起那些动不动就生气，对学生们大喊大叫的"特急"教师，这位爱笑的崔老师才更符合特级教师的标准。

高0707班学生蒋若然说，崔老师是一位认真的语文老师。

和崔老师的第一次照面，是在新学期的第一天。如果不是那暗冷色调的衣服和修剪齐整的保守发型，但看那张白里透红、眼角因贮满笑意而略带细纹的脸，谁也不会相信眼前之人已是饱经沧桑，达知天命。

新学期的第一堂语文课前，我隐约记得要向语文老师报到，抬腿出教室却猛然发现早已忘记语文办公室的确切"坐标"。正彷徨无措，眼前突然出现一个瘦小的身影，虽看不清正脸，但她的腋下赫然夹着的那本明黄色的语文书却叫我心头狂喜不已。呵呵，跟着她。我对自己果断下令，企盼着这从天而降的"救星"可以"引渡"我到语文办公室。

我不声不响地跟在"救星"的后面，不由开始观察起她来。"救星"走路看起来更像"踩"路，每一步都踏得实实在在，认认真真地抬起脚，又结结实实地落在地面上，但绝不拖泥带水，相反，由于频率太快而重心极不稳定，其身形如同一个倒挂的铅垂般左右摇摆。我低着头，看着"救星"的身形因有力的迈步而起起伏伏，高低错落间尽是掩不住的活力与轻快。转眼间，"救星"已到二楼的语文办公室，推开门，迎上来的一班的语文科代表冲她如释重负般叫了声："崔老师，您来了！"我的头"轰"的一声响了。这时，"救星"缓缓转身，我迎上了那略带探究却不失和蔼的笑眼，尴尬地笑了。

自此，崔老师的"踩路"姿势深深印在我的脑海。那样年轻富有生气的走路模样从没变过。

我的同学老程曾有定论："崔老师的说话方式将是独一无二的精彩。"

的确如此，省略一切的口头禅，取消拖音，吃音，崔老师说话倒比读书还琅琅上口，教人挑不出毛病。这样完美的谈吐，即使已缠绕耳边大半学期，每每听之仍不由惊为天人。

崔老师的认真不只在走路、说话。对于我这个喜欢语文却不愿探究的人来说，查字典简直是浪费时间。因此，作文中每遇到写法不确定的字，我要么写一个一团糟的字糊弄，要么干脆用拼音代替，但很不幸，这一切从未逃过崔老师的法眼。于是，一个个小巧精致的红色问号就这样在作文本上诞生了，像极了崔老师平静和蔼的圆眼睛，不过我却似乎看到了平静背后的责备。

身为学生，没有人不渴盼着老师的评价，因此，每周发周记时便最为热闹。所幸崔老师从不吝惜文字，或褒或贬，每文必评，且必是一针见血。只简单的几句话，却如春风拂面般安抚了人心，让我们无比

舒畅。

不论肢体语言、口头表达还是书面鼓励，崔老师的话是发自内心的，因为认真，所以也穿透了学生的心。

高 0707 班学生寇梅若说：天啊，为什么一想起您（崔老师），我的满脑袋里都是笑？

开学第一天，您自我介绍，说到自己曾经做过警察，你自豪地扬起嘴角："被人说我太爱笑，不像个警察，所以我就来当语文老师了。"在所有老师的自我介绍中，唯独您的介绍，我怎么也忘不了，因为那诙谐的语调，因为那个自豪的笑。

学校有了新制度，老师要轮流站在门口向学生问好。大冬天里，我推着车走进校园，见到您被"罚站"。您看到我，被冻得红扑扑的脸上，绽放出那么可爱的一朵笑："你好！"您冷得轻轻跺脚，一边向我点着头笑，直至我也点点头，直至我也回赠了您一个笑。那一刻，四目对视，您的眼里满是友善，您呼出的白气里满是温暖。

上语文课，您从容地讲完课文，在我们还沉浸其中时，您的幻灯片上出现一个奋笔疾书的小人。您神秘地问道："下面该干什么啦？"做伴的还有一个有点孩子气、有点坏坏的笑。"该默写啦！"——幻灯片上的小人隆重地宣布。大家哀叹声一片，您似乎很满意自己的创意，咧着嘴说道，"昨天说过了，今天就一定要默啊！"笑容的力量果然无穷，众人乖乖地拿出本子，拿起笔，纵使脸上带着一个个无奈的笑。

讲作文时，总有一两篇优秀的文章荣登您的讲堂。讲到谁的文章，您一定会赠送他一个赞扬的眼神，飞去一个赞赏的笑。收到这礼物的呢，有回赠一笑的，有不好意思的，也有受宠若惊的。但不管怎样，收到这礼物的人，这节语文课一定听得最认真、最高效。

课间，我们改了课文中的经典句子来取乐。您听了，乐得那么开心，笑声压倒众人，也吸引了很多人过来问："怎么了，怎么了？"讲笑话的同学来了兴致，又改了一句。您笑得前仰后合，却又突然一本正经，正色道："中国文化全让你们给毁了！"然后继续乐。我在一旁一头雾水，不知眼前看到的是什么，难道是中国传统的杂技变脸？不不不，眼前这么生动的一个笑，这么丰满的快乐，怎么是变脸的假面具所能比的呢？我只知道，您在笑，笑得那么开心，那么纯正。

您的笑，友善和快乐是主调，孩子气是作料，有真诚的颜色，还有活力和开心的味道。您的笑，永远铭记在我们每个人的脑海深处，伴随着我们的成长之路。

在高0707班学生李博超看来，崔老师是一位很特别的老师。

提起崔老师，我脑海里浮现的第一个动作即是微笑。与崔老师相处无须很久，你就会发现她是个有微笑天使伴随的人。这种微笑能带给别人难以抗拒的亲和力，使人刚接触这位老师就会放下心与她愉快攀谈。

崔老师的微笑甚至给一些素不相识的外国人留下了深刻的印象，这或许也是我最先记住它的原因吧。据说，崔老师曾与其他老师一起到韩国教授语言课。尽管崔老师对韩文一窍不通，但她仍带着她的微笑与独有的亲和力给学生们教授汉语。期末授课完毕，主办方给每个学生发下问卷，调查"谁是最受欢迎的外国老师"，一句韩语都不会的崔老师居然位列榜眼，真是令人佩服。

同样，崔老师讲课也很有方法、很讲效率。崔老师有一个习惯，每次上课前都要把手表摘下来，放在讲台上，以方便讲课时把握时间。

崔老师教授语文课可谓独具匠心。她不但让我们知道每篇古文的大意及加点字和句子的翻译，还引导我们掌握分析这些问题的方法。譬如：在讲到《游褒禅山记》时，她帮我们分好组，每个组承包解释一段的重点字词、疑难句子等，给了一节课的时间，让我们自己摸索出分析古文的方法和要领，并培养我们阅读古文的能力及兴趣。

崔老师的课不乏风趣幽默。有一次讲评作文，题目是《我的一位××的老师》。讲到某位同学写的她时，忽然收起了脸上的笑容，板着脸，很严肃地对讲台下有些茫然的同学说："有的同学把'崔琪'的'琪'写错了，这让我实在很生气！"同时，崔琪老师还义愤填膺

133

似的举起双臂挥动着，一副忿忿不平的样子，台下的同学乐得是前仰后合。

崔老师讲课还有些特别的习惯，比如，她习惯左手扶着讲台，还时不时地挽起袖子，即使冬天也是一样，好像有着风吹不走的热量与活力。

高0701班学生李璐瑶在谈论崔老师时，给我们讲了几个故事。

骑虎难下

我们班有一个规定，在每堂语文课前请一位同学做成语的课前演讲。有一次，一位同学讲的成语是"骑虎难下"，解释完这个成语，他用这个词造了一个句子："课上经常没人回答问题，老师骑虎难下，非常尴尬。"演讲结束后，崔琪老师走上讲台，笑吟吟地说："这种事不会让我尴尬。""为什么？"我们心中冒出来一个大大的问号，纷纷竖起耳朵，期待着下文。崔老师故意卖了个关子，才娓娓道来："因为没有人回答时我可以让你们小组讨论啊！"大家顿时哈哈大笑起来。

老师没有忘

有一次，崔琪老师在课上布置任务，说下次课要默写曹操的《短歌行》。第二天上课时，崔老师一直在专心致志地讲课，我们暗自庆幸，崔老师也许把默写的事忘了吧。突然，一张幻灯片闪现在银幕上，打破了我们的幻想。画面上有一群戴着钢盔的小人跳来跳去，还有四个大字不时闪现——"要默写了"。大家顿时紧张起来，崔老师指着银幕，嘿嘿地笑了两声，"不要忘了背呀！"，同学们这才长呼一口气，放下心来。

严肃的崔老师

崔琪老师也有不笑的时候。上周五早自习时，崔老师走进班里，脸上是罕见的严肃神情，"现在开始默写"，崔老师宣布。"老师，不要默了吧。""老师，下次再默吧。"同学们的"求饶"声不绝于耳。可这时的崔老师，却没有丝毫的通融，在她脸上，我无法寻觅到一丝微笑。

这就是我们爱笑的崔琪老师。她的微笑好似一块无形的磁石，时刻吸引着同学们的注意力。她的笑，是不怒自威的标志，是和同学们愉悦交流的桥梁，更是一种淡定的境界！从崔老师的笑中，我们读出了太多的含义。

高0701班学生李鹏飞对崔老师的育人之道深有体会。

我的语文成绩一向很差，以前几乎没有被语文老师表扬过。可有次语文课，崔老师对全班说："这几次默写全班只有三个同学全对，李鹏飞……"同时，崔老师还朝我微笑点头。从来没得到过语文老师表扬的我受宠若惊。只不过是一点微小的进步，可她不仅看在了眼里，而且当众鼓励我。还有，我的字写得不好，崔老师没有批评我或罚我重新写，而是在我的作业本上提出了对我的明确要求。这种方式我很喜欢，我愿意尽自己最大的努力把字写好，而当老师注意到我的进步时，又在作业本上写下鼓励我的话，那虽然是简单的几个字，却让我感到老师用心之深，我真的很感动！

高0701班学生李湜文认为崔老师是一位不可多得的好老师。

崔老师和蔼可亲，但要求严格。无论什么时候，她总是眯着眼睛，面带微笑，给人一种温暖的感觉，但在学习方面，她又对我们每个同学严格有加，一抓到底，毫不含糊。记得有一次，崔老师让我们将《荷塘月色》改写为一首诗。为了赶时间，我胡写了一首交了上去，本以为她会写个评语就算了，没想到她竟专门跑到我们班找我，满脸笑容地对我说："李湜文啊，你知道我找你干吗吧，呵呵，你那首'远看荷塘黑乎乎……'必须改一改，你那可真是暴殄天物啊。暴殄天物懂吧，就是糟蹋好东西。"之后，她面带微笑地走出了教室，我心里受到极大震撼，暗自下决心，今后做任何事情一定要认真，否则真的会"暴殄天物"。

崔老师诙谐有趣，教学有方。常以老太太自居的她，偶尔也会拿出一位同学的语文书，指着上面的史努比贴画问全班同学："好玩吧?"

然后冲着贴画乐上半天，同学们都被老师的童趣逗笑了。每当她把课堂的气氛调动起来，把我们的注意力吸引住之后，她又会峰回路转，满脸严肃，开始授课。整个过程，时而绘声绘色、时而妙趣横生，大家的注意力被崔老师深深吸引，思路伴随崔老师跌宕起伏，一堂堂课在不知不觉中过去，我们觉得既轻松又有趣。

崔老师作为语文特级教师，不但语文教学水平高，在关于学习的研究方面也技高一筹，具有独到之处。学校为我们举办有关研究性学习的讲座，崔老师是演讲者。从开设研究性学习的目的一直到历届学生的研究性学习报告，她以其深刻的理解和浅近的说明将复杂的问题简单化，使我们受益匪浅。她的演讲赢得了雷鸣般的掌声和一致赞誉。

高0701班学生吴思旻说，崔老师是一个能用笑容打动人心的老师。

上高中的第一节课就是语文，上课铃响后，我在万般期盼中迎来一位走路身子微向前倾的老师，她一进门，便微仰起头，笑容的光芒顿时映入我们的眼帘。

笑容印象

"大家好，我叫崔琪，崔，大高也，琪，美玉也……令我很郁闷呀！'琪'在我们那一代人的名字中不多见，但在你们这一代用得很多啊！"

这个老师说起话来很时尚，用了"郁闷"，经过这一番介绍，拉近了我们与她的距离。从她饱含笑意的眼神中可以看出崔老师十分热爱她的工作，我很高兴能有一个如此爱笑的老师教我们，看来今后不用和一副严肃的嘴脸打交道了。

灼热的笑

啊，我那次不堪回首的默写！那天早自习要默写，偏偏我还没背下来，刚写了两句话就写不下去了，我的心里一直念叨，老师您千万别过来，至少我不用正面看您生气、失望……的表情。但就在我心里打小鼓的时候，您走过来了，正当我准备用歉疚的眼神迎接您愤怒也好失望也罢的目光时，看到的却仍是那双含笑的眼睛："怎么？写不出来了？看书吧。"说完，继续巡视了。您的笑，并没让我的心里感到放松，反而

CUI QI：
YONG YUWEN CHUILIAN XUESHENG DE SIWEI PINZHI

更沉甸甸的了。那微笑的眼神却使我不敢再看您一眼，哪怕只是背影。这笑容比任何表情都能打动人心，这灼热的笑更是闪耀着您的智慧。

笑看年龄

"英格力士"（崔老师如此称呼英语）课上，我们学过问女士年龄是不礼貌的，中文里询问年龄也是"芳龄几何""您老高寿"，等等，很少见到询问中年女士年龄的句子。已步入中年的崔老师似乎就没有这些顾忌，甚至还说："因为我长得年轻，大家都叫我小崔，但我更希望别人叫我老崔。"前几天上课，班里飞进一只黑乎乎的虫子吸引了大家的目光，某位同学说："那么美的崔老师不看，看这么丑的小虫子干什么！"崔老师仰头大笑："我一个老太太有什么美不美的，应该说这么美的文章值得欣赏。"崔老师自称是"老太太"，其实她一点也不老。怪不得人们都说笑容是最好的化妆品，老师的笑谈年龄让我印象颇深。

这就是崔琪老师，一位爱笑的老师，一位以笑容打动了大家的心的老师。

高 0701 班学生叶乔伊对崔老师也有自己的看法。

说实话，讲课讲得好的老师其实挺多。但要遇到一个讲课好，且性格受同学喜爱，个人的气质又让人尊敬的老师就不那么容易了。

上第一堂语文课的时候，铃一响毕，崔老师推门而入，脚步轻盈地登上了讲台，脸上一直带着灿烂得不得了的笑容。依我往常经验，老师应该都带着"得体又大方"的微笑入门，但此位老师的笑容之灿烂程度完全不亚于镁在空气中燃烧的状态，她乐呵呵地就像一个刚要到糖的孩童。接着，她在黑板上写下两个大字：崔琪，字既不俊逸挺拔，也绝非娟秀小巧。每个字的一转笔、一拐角都不凌厉，而是带着婉转的圆弧，却又绝不散漫，每个字都站得直，端得正。"由字看人"，对于一位经常要写板书的老师，写字风格的取向确实能在一定程度上反映他（她）的性格。而崔老师的写字风格无疑使我对她有了一些好感。她还煞费心思地为自己的名字做了一个PPT，详尽地讲述自己名字的由来，并兴致盎然地讲述自己的职业道路。她好像完全把讲台下面的我们当成

崔琪：用语文锤炼学生的思维品质

了朋友，而她则是在和他们聊天。她甚至一点儿也不顾忌地谈起自己的外号："崔的意思是大山，琪的意思是美玉，合起来就是大山美玉！"班上同学哈哈大笑起来，而我们的崔老师竟也在讲台上乐不可支。正如她自己所言——我这个人有一大特点，就是爱傻笑！

崔老师是特级教师，然而令我十分喜爱她的原因不只是她的教学水平，更是她的声音。崔老师的声音很特别，不亮不高，甚至可以说是有些沙哑，但这种沙哑并没有浑浊之感，却会让人联想到那种被海水打磨得极细而均匀的沙子。每当我听到她的声音，心中总会涌起一股暖流。她的普通话说得也很好，干净而无口音，这更使其声音显得清晰而明快。或许正是因为这声音，我每次上语文课总会有一种愉快而又轻松的感觉。

撇开声音这种个人特质不说，崔老师有一种本领，她总是能使同学们的心与她靠得很近，而不是抱着居高临下的态度俯视我们，每节课后布置作业的时候，她总会调侃地说："你们最不喜欢的时刻到了啊！"

到了高二就要文理重新分班了，不知道崔老师能不能教我三年呢？崔老师的教学水平很高，得到了大家的一致认可。有这么一位老师教我，说实话，我真的挺幸运的。但我感到更幸运的是，我遇到了一个对生活抱有如此愉悦之心的老师，她对她所从事的事业感到由衷的快乐。学习可以很快乐——这其实并不是一个印在旗帜上的标语。因为，在每一节语文课上，我都能体会到这种感觉。

高 0707 班学生袁梦荷谈起崔老师，强调的是她的淡泊名利。

其实，我总以为语文老师是一个很尴尬的角色，因为我们无时无刻不在说汉语，无时无刻不在读汉字，专门找个老师教语文多此一举。况且面对枯燥、呆板的语文课文，讲课就更无意义可言了。

您的出场是最晚的，在所有老师都出场之后才姗姗而来。还未见面，就先听到其他科老师说您讲话干净利索。果然，简短精悍的开场白不仅介绍了姓名的由来，也介绍了长达几十年的教书经历，并幽默地将"特级"调侃成"特别着急"。言语之中，既表现了您幽默的性格和对名利的不屑一顾，也表现了您对学生发自内心的爱。

刚上了一节语文课，我就明显感觉到了您敏锐的洞察力。在您的课上，我几乎不用举手。通过一个眼神，一丝微笑，您就能看出我们是否在听您讲课，是否在思考，是否有结果。每每在我刚有些想法，正要举手表达时，您便叫我起来回答。无论我的回答是否正确，您都会用鼓励的眼神看着我，微笑着听我讲完，让我有信心讲下去，激发我对语文学科的探究兴趣。

但作为一名语文老师，最为人称道的是您独树一帜的教学风格。巴金说过："文学即人学"。崔老师在课堂上很好地做到了这一点——您不仅教我们语文知识，更教我们做人。我记得您在教《孔雀东南飞》时，讲到激动处，禁不住上下挥动着右手，虽然语气仍是那么沉稳，语速仍是那么平缓，但语调明显高昂，既有对爱情悲剧的惋惜，又有对封建家长制的愤慨。您不仅讲述了这个凄美的爱情故事，还深入分析了造成这个悲剧的原因，甚至让我们分析焦家子从母，刘家母从子的原因。您带领我们从一部文学作品中看到当时的社会风气与主流思想，对文章挖掘之深刻是我所不曾料到的。您特别注意几次人物对话中相似的内容，相似的表述，分析造成细微差异的原因。我原以为，只有一部《红楼梦》能这么读，只有红学家会这么读，但您竟将每一篇课文都这么细细地读出深味来，我们不仅学习了文法知识，更掌握了一种分析能力，掌握了为人处世、洞察世事的本领，这是任何一本书都无法教授的真正精华。

您的真，是最令我"惊心动魄"的。您真诚对待每一个人，每一件事，因此即使是报告这类无聊的事（校科技部请您做有关研究论文的报告），也能激起我们无限的兴趣。因为您用心，您是真的将自己的心得感悟说出来与我们分享，说的是实实在在为我们所想，于我们有用的事。您看起来很年轻，因为您有年轻人的活力与激情；但您又如此成熟淡定，虽然刚步入天命之年，但已是"随心所欲而不逾矩"了。

做老师，做语文老师做成您这样，真是一种境界了。不为功利，不为名利，只是心中所乐在于教书育人，在于诗文词作，于是就这样坚持了几十年。

YINGXIANGLI：TAOLIBUYAN，XIAZICHENGXI

崔琪：用语文锤炼学生的思维品质

目前正在清华大学攻读天文学博士学位的郝景芳是清华附中 2002 届学生。她曾担任班里的语文科代表。在她眼里，崔老师更是值得学习的人生楷模。

我做了三年语文科代表，跟崔老师的交流接触相对要比其他同学多一些。比如，平时的作业、卷子等每次都是我收上来，然后交给崔老师。另外，我也跟崔老师出去一起参加过个别活动，对崔老师的了解稍微多一点。

崔老师的特点首先是低调，她从来不会把自己摆在一个很高的位置上。崔老师的第二个特点就是很随和、很谦和，跟谁都可以很平常地谈话，课堂上，崔老师的授课也很平易近人，就像"拉家常"一样。这样大家都比较放松，有任何问题都敢提。崔老师爱笑，在课上经常跟我们一起大笑。她对我们很宽容的，这跟她的随和的性格是一脉相承的。

在课下，崔老师就像个朋友一样，常常与我们交流。有些同学有了比较苦恼的事情也会找崔老师聊一聊。崔老师很少用颐指气使的口吻告诉你应该怎样成长。她对我作文的鼓励也是很大的。她虽然不写很长的评语，但是她的每一句评语都好像画龙点睛一般。我记得有一次，她给我的作文的评语是："你之前写的东西其实是很有灵性的，最近觉得有点拙，有点太实体化了，不知道为什么。"往往是这样一两句话，让我对那一段时间自己写作的方向有了明确的认识，对我很有帮助。另外，她在修改作文时，也不会用条条框框来限制你。

从高一到高三，崔老师大多在平时的写作上给我鼓励，而不是劝我去参加比赛。她的鼓励都是很实际的。我们每周写的周记和作文，崔老师会很认真地去看，碰到她喜欢的文章，她就收藏起来或给其他杂志推荐。她经常会把我的作文推荐给一些期刊，我也就陆陆续续发表了一些文章。我觉得，崔老师一直引领着我在写作方面往前走。也正是由于这个原因，到高三的时候，我也没有把参加比赛当成非常重要的一个任务，而是抱着试试看的心态参加了新概念作文大赛，结果还拿了一等奖。

我觉得，我的成绩是崔老师长期培养的结果。如果为了比赛而突击辅导，作文成绩是不可能提高的。崔老师只是鼓励我长期坚持写作，某一段时间写得好了，崔老师就帮我发表。回头想想，获奖之前两年多时间的学习和积累已经为这个比赛奠定了基础。

有一次，崔老师在讲课时说到文章的绚烂与平实的问题。她说，年轻时写作不要怕绚烂过分或者是怎样，年轻的时候写作就可以绚烂一些，这个时候不成熟也没关系，绚烂之后再回归平实，如果现在就开始故意追求所谓平实，但又没有足够深的东西在里面，那写出来的文章就会变成很平淡，而不是真正返璞归真后的平实。她的这些观点，我们当时并不是很明白，但事后回忆起来，越想越觉得有道理。

我觉得，如果一个中学老师在中学阶段没有把学生的文化境界提升到一定高度，那么这个学生不会对老师所教的知识产生深刻印象。所以，在这一点上，我非常感谢崔老师，另外最感谢的一点是，崔老师实在是非常宽容，我之所以当时写作还不错，就是因为我不是完完全全地按照规定的那些方式去做，但崔老师觉得我是有自己的想法的，所以就不是特别要求我按照规范来做，这样一来，时间久了，我自己就有很多的自由度，可以向很多的方向发展。

当然，崔老师给我最大的影响还是在做人上。她让我觉得"桃李不言，下自成蹊"这句话是真的。在社会上，我们常常会见到很多夸夸其谈的人，他们嘴上说的往往比他实际的学识要大。如果社会上这样的人比较多的话，就会伤害和破坏那些踏实做学问的人和踏实做学问的学术风气，甚至还会让人觉得，如果想成功就必须夸夸其谈。但是，崔老师给我们树立了人生楷模，她让我们看到一个人可以既快乐，又低调，又随和，和周围的人都相处得很好，同时把自己的东西做得很扎实，不到处宣扬，同样也可以很成功。她给我们指明了人生方向上的一种可能性，让我们知道在将来自己也可以走这样一条很踏实、很淡然的路，而且同样可以走得很成功。

行文至此，学生们的形象和崔琪的形象叠合在一起，眼前浮现出他们身上散发的那种淡定、从容、睿智和纯真的气质。

崔琪给了学生受用一生的精神财富。她引领学生掌握了系统的语文知识，让那些以后进入中文以外的专业领域的学生具备了较高的语文素养。她

还给学生树立了做人楷模，让那些迷惑于世界的纷繁复杂的纯真学生寻找到积极人生的风向标。

二、同事们称她"崔先生"

在采访清华附中党委书记的时候，书记开口就是"崔先生这个人……"。学生那里的"崔老"，到了学校领导和同事们口中俨然又变成了"崔先生"，崔老师在领导和同事心中的地位之高就可见一斑了。

在领导眼中，崔先生德才兼备。每逢一些重大场合，崔先生总是代表教师讲话。领导说，她的口才特别好，是别人学不来的。她也特别支持学校的工作，对于典礼致辞、大会代表发言等工作任务，她从来都是欣然应允，绝不推辞。

对崔先生的徒弟们来说，崔琪给他们的影响是具体、全面和细致的。她从教师专业培养的一点一滴开始做起，对年轻教师的普通话发音，备课及批改作业的规范等做出了明确要求，并长期训练他们，然后便放手让他们自己去发挥。崔琪总是鞭策新来的年轻教师要"自救"，意思是让他们尽快自觉主动地成长、成熟起来，要勇于担负责任。

崔琪与清华附中语文备课组合影

"一点架子也没有，非常平易近人"，这是徒弟们对她的一致评价。我们注意到崔琪上课的时候，在很多细节上做得比较严谨，设计得非常好。比如，她的板书设计得工工整整，字也写得很整齐。幻灯片也做得十分精美，她对色彩、字体大小的选择也很细致，偶尔还设计一些小幽默来调节课堂气氛。崔琪的一位徒弟告诉我们："崔老师在教学上对我们的指导是非常扎实的。比如，她非常强调板书这一传统教学手段——其实她使用电教设施的水平也非常棒。在我们上公开课的时候，若谁不写板书或板书过少，她都会坚决地大声告诫对方：必须板书！这是确保学生掌握重要知识的有效手段！"

崔琪在清华附中的另一位徒弟接着说："直到现在，崔老师每周都要听我们一节课，以促进我们不断地进步。我记得前几年，她听过我上的一节课，当时我讲的是《红楼梦》。她觉得我设计的问题不太合理，要求我在设计问题上应侧重考虑如何让学生去主动思考。而不要直接把答案过早地和盘推出，这一点给我印象很深。崔琪老师从来都是从每一个教学环节的常规和深层的地方给我们以指导，并且指导得非常到位。另外，每到放寒暑假的时候，她都会自己读一本书，写一篇文章，这对我们也有很大的影响，我们也尽量这样要求自己。在她的影响下，我们也坚持吸收、学习和研究着相关教育教学理论及其他方面的知识，并且开始注意在接下来的教学中进行有意识的调整。"

崔琪在附中长期担任语文教研组长，在她的带领下，语文组开展了踏实而有成效的教研活动，深受附中教师的赞誉。附中语文组教研活动的特点是集思广益和细致入微，崔琪介绍说："比如说，开始讲一个新单元的时候，语文组的老师会集体讨论分析本单元课文的特点，共同思考整个教学设计应以哪些课文作为重点和难点，这些重点和难点应该怎么处理；教学过程应该怎么设置才能比较科学。整个过程当中，学生和教师应该学习哪些资料，我们能够提供哪些资料做参考等具体问题。每次教研，我们都指派一个教师，把这些问题说清楚，然后大家再讨论，提自己的意见，最后统一下来，这样就使得整体的设想变得更充实，更准确，并且能够更好地落实到教学中去。当然，讨论以后大家还要根据资料自己再去备课，再进一步去细化。"虽然这样有些麻烦，老师们也会比较累，但因为大家都很投入，每个老师的收获

还是很多的。并且，这种方式对于整个教学工作的顺利开展很有帮助。学校对这项集体备课活动也给予了充分的支持和认可。长期以来，在每学期排课之前，清华附中语文教研组都会先定好集体备课时间，然后再安排其他活动，以保证每位教师都能参加集体备课。

除了校内的教研活动，崔琪对于海淀区组织的日常教研活动同样非常重视。清华附中的语文教师朱亮给我们介绍说："对年轻老师在工作岗位上的再提高环节，崔琪老师也特别重视。区里每周例行的进修活动，她都要求大家一定要去。并且要求每人准备一个备课本，用来记心得体会。每周三区里面都有教研活动，如果不是学校特别的安排或者是其他特殊情况，崔老师都会去，她不会因为自己做了特级教师而中断与别人广泛的交流。"

崔先生的影响力并不止于徒弟们中间，连和她共事多年的老教师也很佩服她。清华附中语文教师王武镝是 20 世纪 50 年代清华附中的毕业生。他和崔琪共事近二十年。在他看来：崔琪是一个很好相处的同事。

> 崔琪在业务上兢兢业业，非常用心。在清华附中，我最佩服的女老师有两位，一位是陈晓秋老师；另一位就是崔琪。我觉得崔老师很不容易。说实在话，作为一名女老师，本来在家事上负担就很重，她又是我们教研组长，工作负担也很重。但在工作上，崔琪真的是无可挑剔。我觉得，如果咱们每一位老师都像崔琪那么努力地去做，那么，我们每一个人都能出好成绩。崔琪后来的成就比别人强关键在于她的付出，她的努力。

> 我和崔琪曾共同教过高三。高三阶段教学的主要任务就是抓训练，把复习落到实处。跟崔琪一起，教学工作就很容易完成，而且我们俩经常互补，比如配合完成教研组内的一些讲评材料的准备等。这些工作要想一个人很快弄好是很难的，但与她配合后就轻松多了。总之，我觉得我跟她在一起做事挺愉快的，崔琪是个很好共事的人。

清华附中语文特级教师赵谦翔老师，20 世纪 90 年代从东北调来清华附中。谈起崔老师，他也说崔琪是个能团结人的老师。

这几年清华附中学生的语文成绩在走上坡路，以前是数理化名列前茅，现在文科也慢慢强起来了。我们整个教师队伍的提高，老教师、名教师作用的发挥，青年教师的成长，还有教职员工之间关系的融洽，等等，都和崔琪的努力分不开。她能把这些人聚到一起，这非常不容易。如果大家各持己见，心气儿不能往一块儿使，肯定不行。必须有一个人把大家团结起来。而要使众人团结，靠手段不行，得靠德，德能容人、团结人，有时候还可能要吃点儿亏、受点儿气。作为语文组长，崔琪在这一点上做得非常好。我认为这是她最大的优点。

现在的老师，尤其是名师，没有德是不行的。在教学上，崔老师把教书和育人统一了起来，比如她批改作文，选作文，分析作文题目都是非常精心的。现在有些老师自己不会作文章，也不读书，对学生作文的批改也不过对付对付就完了。老师自己不会写文章，学生的好作文就可能被他说成坏作文了，差作文反而可能还给褒奖了，结果只能是误导学生，我觉得这是很严重的事。崔琪在这一点上做得就很好，她读书写作都很好，批改学生作文也很认真，讲评作文也都很到位。不论学生还是老师，大家对她都很服气。

另外，我觉得她很冷静，能发现问题。比如对新课改，她所写的文章就很能说明这一点，能在改革实践过程中发现问题，并能冷静处理，这一点很难得。她对素质教育的理解是很深刻的，改革意识也很强。

在崔琪的带领下，清华附中的语文教学慢慢有了起色，至少不再是"弱项"和"短板"。20世纪90年代初，清华附中学生的语文成绩普遍不高，到了1994年、1995年，随着语文组的努力特别是小论文写作等系列活动的展开，学生的语文能力有了较快的提高。到了2000年，崔琪以其个人的魄力，决定在附中开展"语文教师先于学生背诵教材"的教学改革实验，这大大提高了整个语文教研组教师的教学水平，几年下来，清华附中语文教师们不仅文学素养有了很大的提升，对许多问题的思考水平也获得了明显提升，甚至自身的境界都变得不大一样。

更加难能可贵的是，崔琪的言行不仅影响着语文组的老师，还深深影响着其他科组的老师。清华附中数学教师卢静说，崔琪有着与众不同的风度。

在与崔琪老师平日的交谈中，我们感到了她为人友善的性格和坦荡的胸怀，她能直言你的优点，给你鼓励。她更能适时指出你的缺点，令你感动。工作中，你能感受到她无私的帮助。在她的课上，学生如沐春风，见到她和善微笑的面容，学生的注意力为之牵引，旁听的老师也被其风度所吸引，她那紧凑的教学设计，一波三折的启发，古往今来的典故，造就了一堂堂令人难以忘怀的好课。做人与做人师能达到这样的境界十分不易。实际生活中崔老师是从容的，她从容地完成每个教学环节，从容地面对每个学生，她有厚厚的教学心得，打印工整的教案，她和学生谈心，她指导青年教师，她好像有许多时间用不完。她是那么从容地生活和工作，真正地将教学和育人作为自己毕生的追求和使命。令我这个时常在她身边匆匆走过的青年教师心向往之。记得有一次参加一个活动，崔老师和我们一起吃了自助餐，饭后剩下了一块吃过的面包，我们都说不要了，但崔老师仍坚持用塑料袋装好带走，她笑着说："浪费粮食有罪呀。"关于"粒粒皆辛苦"的教育我们已听得很多了，但崔老师在这件事上对我的教育却是如此深刻、生动和具体。一次偶然的活动就使人感到崔老师与众不同的风度，与她朝夕相处的学生们的感动就更多了，有来自治学的，有来自做人的，点点滴滴。崔老师润物无声，以德育人。做她的学生真是一种福气，更是一种运气。

三、墙里墙外都飘香

在有些人眼里，"特级教师"可能是一个可以炫耀的荣誉，一个可以谋利的名号。可在崔琪这里，我们看到的却是她对这份荣誉的珍惜，更多时候，崔琪则是将其视为一种责任。北京的特级教师不多，所以，为充分发挥特级教师的带头作用，将特级教师的影响力辐射出去，区、市教研部门建立了相应的制度。比如海淀区就设立了名师工作室，让这些特级教师担任导师，收外校的有潜质的年轻教师为徒，指导他们成长。

在海淀区的名师工作室，崔琪和北师大三附中语文老师倪莉结为"对子"。尽管是上级单位"指派"的，但崔琪却丝毫不敢懈怠，而是认真地履行师傅的义务，从不摆特级的架子，就像是传播和服务的使者。"她有一颗赤子之心"——倪老师如是评价。

"之前只是我知道她，她不知道我，她是最年轻的特级教师嘛！等到我们俩近距离接触的时候，她给我的感觉就像个小孩，有颗赤子之心！'好玩儿'是她常挂在嘴边的话，她虽人过中年，但心态很年轻。另外她待人特别亲切，一点架子都没有，非常风趣，说话也比较直，有什么想法她就会直说，从不会因为自己是特级教师就有什么顾忌。"

"另外，崔老师的批判意识比较强，在一次活动上，她作为海淀区的代表发言①，我们都觉得她说得很实在。因为我们也有疑惑，我们也感觉到新课改以后教师更累了，我教了17年书，从来没有这么累。大家每天都处在疲于奔命的状态。崔老师的发言让我们都深有同感。她在清华附中会遇到这种问题，我们普通学校的压力就更重。特别难得的是，一般人都不愿意去说这种事儿，更何况她这种身份的老师，可她就敢说，要不我怎么说她有赤子之心呢！"

具体到教学方面的交流，崔琪对倪老师更多的是一种润物细无声的影响。倪老师这样描述她们之间的师徒关系："我们不一定会讨论一节课具体应当怎样讲，但常常会有理念、观念上的交流和碰撞。有一次，我们俩特别随便地聊天，她就说到清华附中有一个特别有意思的活动，叫诗歌大合诵。说完她就给我描述她怎么动员，怎么组织，最后效果怎么样。这种活动背后的理念就对我有深刻的启发。"

作为首都，北京给人的印象就是庄严、大气、典雅。生在北京、长在北京的崔琪老师身上就有一种与众不同的气质。她深知"北京特级教师"在地方上的影响力，但她一直将自己视为一名普通的人民教师。她曾数次应邀去外地学校，为当地师生作报告和讲座，这些活动获得了地方学校和媒体的一致好评。此外，她还曾到过韩国等地（前文中提到过），崔琪在国内外同

---

① 见本书附录部分崔琪的论文：《捉襟见肘的改革——新课改实践周年记》。

行中的影响力无疑是持续和巨大的。

四、专家的评价

海淀区教师进修学校教研员姚家祥老师是影响崔琪成长的关键人物。长期的交往和合作，让他们建立了深厚的友情。直率的姚老师谈起崔琪来，反复强调她是一个踏踏实实的教师。

听崔琪的课，整体有一个特点，就是比较扎实，更准确地说是踏实，不搞那些花里胡哨的概念，也不搞时尚的东西，而是注重培养学生真正的基本功。有些东西，仅仅是时髦、时尚而已，它禁不住时间的检验。但崔琪真的是在语文专业上下工夫，跟现在一些在概念上玩'活儿'的特级教师不一样。毕竟，教师首先是工程师，然后是学者，你得会加工、会培养学生。课，光是讲得漂亮没用。下课以后学生的反馈和所得才是主要的。我觉得，崔琪在这方面比较实在，时刻考虑让学生的知识有所增长，能力有所提高。

我经常让她在区里做公开课，建议聘她做兼职教研员，也正是为了培养她扎扎实实搞教学，踏踏实实做学问的精神，通过类似的活动，她会感到有很大压力，而这些压力和她个人的自尊心，又会迫使她尽快提高自我。

崔老师还有一个很大的特点，就是谦虚，并且很爱学习。我记得让她出题时，她出好后拿给我看，问我这个题是不是出得很臭，我说不臭，还有点香味。她还是很谦虚，说不用顾及她的面子，有问题就可以"枪毙"。她一直对我很尊重，但另一方面，这种尊重不是敬而远之的尊重。我们在一块很亲近，也会开玩笑，挺随便的。另外崔琪这个人本身也比较好相处，她跟组里面的同志关系都不错，人际关系处得很好，即使是当了教研组长以后，也绝对没有摆架子，与周围同事的关系还是很协调，大家都很支持她。

最后还有一点，就是她对一些时髦、时尚的口号的态度跟我一样，都觉得还是要踏踏实实地教学，别总是炒什么概念。在这一点上，我们有共同语言。

概言之，作为一名特级教师，意味着在师德上是模范，在教学上是专家，在育人上是楷模。就这几个方面衡量起来，不论是官方标准，还是民间口碑，崔琪都是一位名副其实的特级教师。更难得的是，在成为特级教师后，崔琪从不以特级自居，言行更为谨慎低调。她的谦虚和低调是发自内心的，是自然流露出来的。她对周围人的影响是不由自主的。

访谈结束，一个问题总是萦绕在我们脑间：我们能否像崔琪那样，也走出一条踏实、稳健、淡定而又成功的人生之路？

结语：崔琪语录

学习—思考—实践—总结—提升—快乐——在这样的循环中，走过青春，走过生命。

语文是一门丰富的学科，置身其中，你总会感到浅薄；语文是一门美丽的学科，徜徉其间，你总会充满感动；语文是一门充满挑战的学科，她需要你不停地产生新的想法，找到新的认识角度。选择了语文，就选择了探索和快乐。

语文教学是人性的教学，经典、优美、智慧、深刻的古代经典，会熏陶和净化人的心灵、思想和情感，也会提升和改变人的表达、交往及处世。语文虽不能改变生命的长度，却可以不断增加生命的厚度。

选择做语文教师，就选择了勤奋：唯有终生读书，才能让思想的庄园经常得到甘霖，让清泉的源头不断涌进活水。选择做语文教师，就选择了深刻：唯有经常思索，才能让幼苗茁壮成材，让祖国文化的精髓得到弘扬；选择做语文教师，就选择了高尚：唯有不断完善自我，才能真正做到行为世范，为人师表。

附　录

一、课堂实录

文明与奢侈

上课班级：清华附中高二（7）班

（T代表老师，S代表学生，下同）

T：今天，我们一起学习蔡元培的《文明与奢侈》。蔡元培是我国现代最著名的教育家，第一次世界大战期间，他在法国为华人劳工学校编写学习讲义，写下了《文明与奢侈》这篇文章。从题目上我们可以看出，文章论述的是文明与奢侈的关系。那么文明与奢侈到底是怎样的关系呢？让我们来看蔡元培的论述。首先，我为大家朗读这篇课文。在我读的过程中，大家要注意字的读音，我读完后，咱们要一起朗读。

（教师范读全文）

下面，咱们一起来朗读这篇文章，在读的过程中，大家要仔细体会这篇文章在表达上的特点，看它用了怎样的句式或怎样的论证方法。

（师生齐读课文）

T：读完文章，大家看一看，有没有自己不能解释的词语和句子。

S："出则以车，入则以辇，务以自佚，命之曰招蹷之机；肥酒厚肉，务以自强，命之曰烂肠之食"是什么意思？

T：好，谁能来解释一下，《吕氏春秋》这段文字讲的是什么意思？

S：老师，"辇"是什么意思？

T："辇"就是车。

S：这段文字是说，出入都用车，享受安逸生活，是招致痿蹷病的缘由；

食肥酒厚肉，非常的勉强，就说它是不好的食品。

T：第二句"肥酒厚肉，非常勉强，就说它是不好的食品"，你们看这样解释这句话合适吗？

S："务以自强"应该是指吃得特别多。吃肉喝酒吃得特别多，就是烂肠之食。

T：为什么吃肉喝酒太多，就叫"烂肠之食"呢？

S：因为吃下去不消化。

T：吃下去不消化，所以叫"烂肠之食"。还有没有不理解的句子呢？

S："今则汽车及汽舟，无远弗届。"

T：什么叫"无远弗届"呢？

S：没有任何远处到达不了。

T：对，没有什么远处不能到达。还有没有不理解的？

S："务以自佚""务以自强"这个"务"单独解释是什么意思？

T："务"就是"一定"。比如说，你务必于几点钟到达，就是一定要在几点到。"务以自佚""务以自强"是说一定要让自己安逸，一定要让自己勉强吃下去，这里的"务"就是"一定"。

大家看还有没有问题了？如果没有，请看这样几个句子该怎样翻译。第一句，"文明之与奢侈，固若是其密接而不可离乎？"这句话用自己的话该怎么说？

S：文明与奢侈，难道是紧密不可分的吗？

T：很好。如果直译，就是：文明与奢侈是这样紧密连接不可分离吗？第二句，文明者，利用厚生之普及于人人者也。变成自己的话说一说。

S：文明，是便利人们使用、丰富人们生活的。

T：还有一句，就是这一段的倒数第三行。"且此等设施，或以卫生，或以益智，或以进德，其所生之效力，有百千万亿於所费者。"这句话怎么解释呢？

S：这些设施，能增进人们卫生、增加人们的意志和品德，它们所产生的效果是千百万，它们所产生的效果对所有的使用人都有效。

T：（笑）好，请坐。大家觉得这样解释可以吗？

S：它所产生的效益是它们花费的千百万。

T：它产生的效益要有百千万亿的花费，要花这么多钱。作者认为，虽然花这么多钱，但是不能按奢侈论。还有，请大家注意，"或以卫生"，这个卫生是指清洁环境的意思吗？

你们看前边说"利用厚生之普及于人人者也"一句里面有个"厚生"，这儿呢，是"或以卫生"，这个"卫生"该怎么讲呢？

S：这个卫生应该是保卫生命的意思。

T：哎，很好。保卫生命、护卫生命的意思。

T：还有一句，第三段倒数第八行，"在普通生活低度之时，凡所谓峻宇、雕墙、玉杯、象箸，长夜之饮，游畋之乐，其超越均数之费者何限。"大家看，这句话怎么解释呢？

S：在生活水平普遍还比较低的时候，有一个人修高大的住房和雕栏玉砌的墙，用玉做的杯子、象牙做的筷子，来彻夜长饮、打猎游玩，他超越平均人的生活水准太多。

T：很好，解释得非常准确。大家还有什么词语上的问题吗？如果没有了，现在咱们把作者论述的问题：什么是文明、什么是奢侈，奢侈与文明是怎样的关系，用自己的话说出来，也就是用自己的话阐明作者的观点——何谓文明、何谓奢侈，二者的关系是什么。

S：作者认为，文明指的是所用资源应使每个人的生活都便利而且丰富，奢侈就是一个人为了自己的生活安逸，花费高于普通人多倍的钱财，而且不产生什么好的结果。

T：很好，说得非常清楚。什么是文明呢？文明就是让人人都能够得到便利，得到舒适，而且让人们的生活得到富足，这就是文明。什么是奢侈呢？就是他的消费水平、消费程度已经超过了人均消费程度，这就是奢侈。比如，作者说到，"出则以车，入则以辇，务以自佚"。本来可以安步当车，现在非得要坐车，这就是一种奢侈。还有呢，"肥酒厚肉"，本来身体不需要了，非得要让自己吃下去，这就是奢侈，他的消费水平超过了平均数。那么，文明与奢侈之间的关系又是怎样的呢？

S：文明程度越高，奢侈越少。

T：文明程度越高，奢侈就越少。还有吗？作者原话是"故知文明益进，则奢侈益杀"是吧。还有吗？

S：文明与奢侈的关系并不是密不可分的，奢侈程度并不是随文明而俱进的，我们应该崇尚文明，戒除奢侈。

T：很好。两个同学的观点补充起来就把作者的意思都说清楚了。所以，作者最后说，"以奢侈为文明之产物，则大不可者也。""谓今日文明尚未能剿灭奢侈，则可"，这是作者的观点。现在咱们自己把文章再读一读。大家看一看，为了说明文明与奢侈的区别与联系，作者是怎样论述的？在论述过程中，哪些语句你觉得用得非常好，作者在其中用了怎样的论证方式、怎样的修辞方法和怎样的表达方式？大家可以一边看，一边互相商量。找出你最喜欢的段落，并和大家说说你喜欢的理由，具体说明你喜欢的段落好在哪里。

（学生们思考）

T：准备好了吗？咱们一起讨论讨论。××，你喜欢哪个段落呢？

S：我觉得第二段写得比较好。

T：好在哪儿？

S：上一段提出了一个作者认为错误的观点，在这一段，作者用了几个排比句来驳斥这个观点。我觉得他的排比句用得很有气势的，而且很有说服力的。

T：哪几个是排比句呢？

S："敷道如砥，夫人而行之；滤水使洁，夫人而饮之；广衢之灯，夫人而利其明；公园之音乐，夫人而聆其音；普及教育，平民大学，夫人而可以受之；藏书楼之书，其数巨万，夫人而可以读之；博物院之美术品，其价不赀，夫人而可以赏鉴之"。这几个排比句很有说服力，使人感到文明不一定就是奢侈，他最后又总结说，文明所产生的效力"有百千万亿於所费者"，确实是一种文明的表现，不是奢侈的表现。我觉得这里写得好。其次，还有后面一段，从"在普通生活低度之时"到"决不如酋长时代之甚"，他举的例子我觉得也不尽然。比如，他说，"此等恶习，本酋长时代所留遗"，这个观点我不太赞同，但他后来论据引用得特别好，让人感觉他说的也有一定道理。"其超越均数之费者何限"，从这个角度，他说的确实有理。他的观点不对，但他的论述特别让人信服。

T：（笑）你不赞同他的观点，但是你相信他的论述，对吗？好！请坐。刚才这位同学说喜欢第二段和第三段的主要部分。还有谁喜欢这几部分？能不能再说一说理由？

S：我也喜欢第二段，我觉得这一段的排比句用得特别好。首先解释文明，解释有两方面，一方面是便利人们的使用，一方面是丰富人们的生活。它的排比句就是前三句，讲的是文明方便人使用，后几句讲文明丰富人的生活，和前面扣得特别紧。最后有个总述，"其所生之效力，有百千万亿於所费者"，就是说虽然花费了特别多的钱，但今天的文明与以前相比，不知前进了多少万亿倍，这不应该算是奢侈。这话说得非常有道理。

而且我觉得，"此等恶习，本酋长时代所留遗"这话讲得没什么问题。只要有了阶级，就有了奢侈的现象。

T：你赞成作者的观点，不赞成前一位同学的论述，对吗？

大家看这一段，除了用排比句，其中还用了对偶的方法。你们看，"敷道如砥，夫人而行之；漉水使洁，夫人而饮之"是不是对起来的句子？是不是很有气势？就像刚才那位同学说的，文明让人物质上得到舒适方便、精神上得到提升、陶冶，作者借此来论述文明给人带来的好处，所以这一段论述非常精彩。

大家看一看，还有哪些地方你最喜欢呢？

S：我比较欣赏第一段。我自己不喜欢议论性的文章，爱看叙述性的作品。这第一段就是叙述性的，它对文章的中心而言是过渡部分。蔡元培是教育家、文学家，所以他从"人类进化历史"的发展开始，过渡到文章中去，比较自然。说完排比句后，作者引出某些人的论点，然后提出自己的论点，说自己的论点与某些人观点的差别。

另外，我很喜欢这里的排比句，排比句从字面上看用得非常精练。

T：你觉得哪些句子精练呢？

S：句句都很精练。没有多余的字。而且句子格式都是"昔也……，今则……"，读起来非常流畅，非常有说服力。排比句涵盖的范围非常广泛，有吃、有住、有行，把人类生活的各个方面都概括进去了。排比句下来后，给人的感觉是整个古代人与现代人在物质生活上的差别很大。今比昔，"十倍者有之，百倍者有之"，然后由差别过渡到某些人认为的奢侈的观点，联系非常紧密。

T：刚才这位同学说他喜欢第一段。大家看一看，第一段采用的是怎样的论证方法呢？

S：对比。

T：是对比。而且在对比中举了大量的例子。刚才有同学给咱们总结了，说作者从吃、穿、住、用、行等方面说出了今昔的不同。随着物质文明的发展进步，人类的生活发生巨变。那些荒蛮的时代、闭塞的时代、黑暗的时代、蒙昧的时代，还有那些粗陋的东西都一去不返了，取而代之的是舒适、光明、精致、开放、智慧。在这样的对比中，读者可以看出文明带来的变化。

喜欢第一段的同学还有没有补充意见？

S：我也喜欢第一段，也非常同意前一位同学的观点。我觉得它反面的靶子竖得非常自然。首先对比，以前住在野处，现在住宫室；以前吃生肉、喝兽血，现在如何如何……这样对比给人以清晰的概念，以前与现在的确不一样了——好像以前似乎是很节俭，现在似乎真是奢侈了。很容易使读者产生作者认为错误的观点，这样反面的靶子就立起来了。

T：为了把反面的靶子立起来，作者在论述中采用欲擒故纵的手法。这是论述的技巧。作者在文中用了对比的方法、举例的方法，还用了排比句，增强了语言气势，给人一种铿锵有力、不可阻挡的感觉。除了这些特点外，有几个词语需要咱们再体会一下。大家看"一若昔节俭而今奢侈，奢侈之度随文明而俱进。"这当中的"一若"怎么解释？

S：好像。

T：一切都好像。这一切都好像说明了过去节俭，现在奢侈。好像是这样，其实是不是这样呢？作者接下来说，不是这样。这在论述中是欲擒故纵的手法。

大家再看第二句。"文明所费虽多，而不得以奢侈论"。"虽……，而……"，这是一个什么关系的句子呢？

S：转折。

T：转折关系。这一转折，就把重点部分"不能以奢侈论"突出出来了。

大家看第三句。"谓今日之文明未能剿灭奢侈，则可；以奢侈为文明之产物，则大不可者也。"这个"大"字怎么解释？

S：实在。

T：真的不可以、实在不可以。言辞非常恳切，而且观点非常鲜明。所以下面说"吾人当详观文明与奢侈之别"。

小结：（投影要点）

T：本篇文章表达的特点是：运用对比论证，让人在大量的事实和反复的今昔比较中，见到文明给人类带来的各种便利和进步，把文明带给人类的物质享受和精神提升充分展示了出来，有力地证明了作者的观点。

排比句、对偶句的使用增强了文章的感染力和说服力，读来琅琅上口，在铿锵有力的气势和节奏中，人们认识和懂得了文明与奢侈的关系。

大家既然都已经找到各自喜欢的段落了，那么，下面咱们来做一个练习。

（投影）

仿写要求：

1. 以"自信与自负"为题，以"自信是相信自己；自负是信己过度"为开头，以"保持自信，杜绝自负，才能使人生之路多一些坦途，少一些坎坷"为结尾，模仿《文明与奢侈》中第一段或第二段的论证方法及表达方式，写一段话（100～150字）；

2. 观点鲜明，能将"自信"与"自负"的联系与区别论述清楚；

3. 尽量用白话写，也不排斥用文言表达；

4. 写作时间：5～8分钟。

（学生投影自己写好的段落，并为大家朗读）

　　自信是相信自己；自负是信己过度。自信事也，知己知彼。彼己之长皆胸有成竹，故气势不输于人，敢担大任之欲望不让于人。

　　自负者，必定是自有才学，唯眼界不广、心怀不阔。不与旁人比抑或少与旁人比，尤以隔绝比较来成就坐井观天的狭隘的自信。

　　故谓自信者为自负，实妒意足小鸡肠之人，以自负为自信胜者，只算个当代的夜郎，自信者能成大事，自负者终常抱空门，独尝孤芳。保持自信，杜绝自负，才能使人生之路多一些坦途，少一些坎坷。

T：大家看一看，这个段落模仿的是哪个部分？哪些模仿是成功的？哪些地方超越了作者、哪些地方还有待改进？大家来评一评、说一说。

S：我觉得她模仿的是文章的第二、第三段，将自信与自负做对比。先一段写自信、然后写自负，将两者做本质上的对比，还用了排比。我觉得超越原文之处是，蔡元培的文章是针对大众的，薛苏的文章艺术性更强一些。读起来非常"拽"，让人感到更有震撼力。

S：我觉得她写得非常连贯，非常有文采。对比的地方非常清楚，把自信与自负的特点非常充分地写了出来。

T：这段文字对比非常清楚，而且在文字上好像比蔡元培还要"文"一点儿，蔡元培处在由文言向白话过渡的时代，所以他的文章保留了那个时代的特点。咱们是现代人，应该用现代语言来写文章。有谁是用现代语言写的呢？

（学生展示自己的仿作）

> 自信是相信自己；自负是信己过度。自信者毛遂自荐，自负者必然夜郎自大。自信方敢愚公移山而造福子孙，自负妄称投鞭断流而兵败淝水。自信是以鸿鹄之志而成千古之事，自负则以萤虫之火而充皓月之明。自信者必以谦逊之态而愈加努力，自负者定以飘然之姿而停滞不前。自信必谦，以勤学用世而成就功业；自负必傲，以自大妄行而默默无闻。保持自信，杜绝自负，才能使人生之路多一些坦途，少一些坎坷。

（学生鼓掌）

T：学完这篇文章，我们会懂得，一篇好的文章，除了观点正确、思想深刻之外，还要有好的表达方式。正所谓讲究义理，还要讲究辞章。

二、教案展示

都江堰

第一课时

教学目的：理解文章运用对比手法突出中心的写法；
　　　　　　理解文章对都江堰水流的生动描述。

一、简介余秋雨其人其作

其人简介：参见书本"作者简介"，补充：《文化苦旅》《千年一叹》《秋千架》《秋雨散文》《文化苦旅》《山居笔记》《余秋雨台湾演讲》。评论家说他用"理性和感性相融洽的语言之舟，负载着思想的重量，把现代散文推向了一流"。

组织学生收看视频短片《都江堰》，了解都江堰的原理和功能。（7分钟）

听《都江堰》课文朗诵（时间17分钟）——听完后完成一个任务：用短语的形式给每一部分拟一个小标题，小标题能概括文意。

参考答案：

1. 最激动人心的工程；

2. 都江堰的魅力；

3. 魅力的缔造者。

二、课堂讨论

阅读第一节，讨论4个问题。

1. 作者用怎样的方式证明"都江堰是中国历史上最激动人心的工程"？（对比）

2. 作者将都江堰与长城作了哪些方面的对比？

修建时间；规模；延伸距离；社会功用；文明特征；心态。

3. 作者根据什么说"它永久性地灌溉了中华民族"？

它像一位绝不炫耀、毫无所求的乡间母亲，从修建到现在，它至今仍然为无数民众输送汩汩清流；让四川成为天府之国；每当民族有重大灾难，天府之国总是沉着地提供庇护与濡养。

4. 这一节里，对比的主要作用是什么？

并非贬低长城的价值，只为强调都江堰最为激动人心之处，让人们认识都江堰的伟大；突出都江堰对中华民族的特殊历史作用。同时也吸引了读者跟随作者的足迹去更深入地了解其中的究竟，引人入胜。

三、课堂练习

1. 根据课文回答：长城的伟大之处在哪里？

用人力在野山荒漠间修了一条万里屏障，是人类意志力的骄傲。（明证）

2. 根据课文回答：真正的长城应该是怎样的"味道"？

159

寒风在颓壁残垣间呼啸，淡淡的夕照与荒凉的旷野溶成一气，让人全身心地投入对历史、对岁月、对民族的巨大惊悸，感觉到深厚。

3. "它，就是都江堰"一句在文中有何作用？

画龙点睛，突出强调。有"千呼万唤始出来，犹抱琵琶半遮面"的效果。

4. 作者为什么说都江堰是"中国历史上最激动人心的工程"？

都江堰永久性地灌溉了中华民族，且绝不炫耀，毫无所求，只知奉献。

阅读第二节，讨论 3 个问题。

1. 去都江堰之前作者心绪是怎样的？这样写在行文结构上有何用意？

以为不会有"太大的游观价值"，心绪懒懒的，脚步散散的。

欲扬先抑——越说自己不想去，越能突出都江堰的魅力。

2. 作者为什么说"看云看雾看日出各有胜地，要看水，万不可忘了都江堰"？

——突出都江堰的水好看。

（1）都江堰的水有什么特点？

急流浩荡；大地震颤；咆哮而下——声音。

壮丽的驯顺——形态。

（2）"水"在这里吃够了苦头也出足了风头，"苦头"指什么？"风头"又指什么？

苦头：被裁割；撞堤坝；根据指令调整。

风头：撒野翻卷咆哮；精神焕发，比赛着飞奔。

3. 作者集中描写都江堰的水的目的是什么？

突出水性凶蛮，工程艰险；反衬治水人的气度不凡。

富余时间，朗读课文，体味文字中渗透的赞美之情。

第二课时

教学目的：

1. 理解作者对李冰父子兴修水利、为民造福功业的高度评价；

2. 了解李冰"精魂"的内涵。

教学重点难点：借助表达方式了解语句的深刻含义。

教学方式及手段：问题引导下的合作探究；幻灯片和板书。

教学过程：

（一）从总结上节课的内容引入新课

上节课，我们熟悉了课文，知道课文第一节是从与长城对比的角度来说明都江堰是中国历史上"最激动人心""最伟大的工程"；第二节主要描绘了都江堰的水，有"一种壮丽的驯顺"，不可不看。第三节，就引出了都江堰的建造者李冰。今天我们重点学习第三节。

作为选自余秋雨《文化苦旅》的散文，它不仅写出了作者游览观光之处的风景，更重要的是写出了作者游观之后的文化思考。比如《都江堰》，写完了这个伟大工程的修建时间、社会功用、奔腾水势、雄伟现状后，就要开始思考李冰其人其事，思考他对后世的影响。

（二）深入理解李冰其人其事

这节很长，富有深刻含义的语句比较多。作者用这些含义深刻的句子要表达怎样的见解与情感？

分两步完成。

第一步：整理作者对李冰的介绍，看他为官一任做了哪些具体的事情？对这些事情作者有怎样的评价？

指导：介绍人物的作为，主要应采用哪些表达方式？（记叙和说明）

李冰所做的事情：

悟得简单道理——最大的困扰是旱涝，留下冰清玉洁的政治纲领；

绘制水系图谱 ——与裁军数据、登月线路遥相呼应；

总结出治水"三字经""八字真言"——水利工程的圭臬；

命令儿子做石人，测量水位——流泻出一个独特的精神世界。

第一步中讨论的问题：

1. 作者认为，李冰这样做源于他对政治含义的理解，因为他认为"政治的含义是浚理、是消灾、是滋润、是濡养"。**浚理、消灾、滋润、濡养**这八个字，讲的仅仅是治水之理吗？（治民之理：水安则地安，地安则岁安，岁安则民安——利民）

2. 李冰理解的"政治的含义是浚理、是消灾、是滋润、是濡养""要实施的事儿，既具体又质朴"，而和李冰"判然不同"的政治走向应该是怎样的呢？（镇压、武力、强制，求虚名得私利——作者虽然没有明说，但在这

样的对比中可以感到李冰的"政治走向"是利民和务实）

通过对李冰所做之事和作者的评价的整理，我们知道了要读懂文句的深刻含义，必须先看清楚作者记述了什么，对所记述的事情做了怎样的评价。换句话说，就是从表达方式上入手，看清楚哪里是记叙、哪里是议论和抒情，就大体知道了作者的意见和他的感情取向。

第二步：作者对李冰做了哪些评价？

指导：对人物做评论，主要应采用怎样的表达方式？（议论和抒情）

找出作者对李冰的评价，说出这些评价的含义，作者在这些评价中融入了怎样的情感和怎样的思考？你是否赞同作者的评价？（3～5分钟的自读与讨论）

1. "他大愚，又大智。他大拙，又大巧"，"大愚、大拙、大智、大巧"各指什么？——"以田间老农的思维，进入了最澄彻的人类学的思考"；田间老农的思维——人种要想不灭绝，必须要有清泉和米粮。他总结出的治水三字经、八字真言，至今成为圭臬。

2. 作者说"没有证据可以说明李冰的政治才能，但因有过他，中国也就有过了一种冰清玉洁的政治纲领"。什么叫"冰清玉洁"？其高尚纯洁之处在哪里？——（为民消灾，濡养百姓，为民造福）

3. 他是郡守，"手握长锸，完成了一个'守'字的原始造型"，这句话该怎样理解？

守：大房子里一只手——掌管、管理——防守、守卫（用具体质朴的治水实践，来为民造福，守住百姓的心）。

如果"手握长锸"说的是务实的利民之举，那么"金杖玉玺，铁戟钢锤反复辩论""金杖玉玺，铁戟钢锤"各指什么？

金杖玉玺：强权、权势。

铁戟钢锤：武力、镇压。

"长锸"与金杖玉玺，铁戟钢锤反复辩论，它们反复辩论的什么？（如何对待百姓的问题）

4. "长锸""他失败了，终究又胜利了"。失败的表现是什么？胜利的表现又是什么？（失败：治水的韬略很快被人替代成治人的计谋；灌溉的沃土时时成为战场；沃土上的稻谷有大半充作军粮。胜利：没有人能活得这样

长寿）

5. 胜利原因：有什么样的起点就有什么样的延续；起点是什么？（利民）延续的是什么？（精魂——为民造福，守住民心）

汉代水官懂得李冰的心意，所以让李冰站在江中，永远为民测量江水。今天，李冰的伟大精魂一直延续下去。

（三）总结李冰"精魂"的内涵

为官不辱使命，在位造福于民，不求虚名私利，只管竭力奉献。

"轰鸣的江水便是至圣至善的遗言"，而这遗言就该是李冰精魂的内涵吧。

（四）自由讨论：回忆一下全文，思考：对李冰、对都江堰，哪种特质、哪些细节最能打动你的心？

（板书并讨论：通过对李冰和都江堰的了解，谈谈哪些因素（细节）让你感动——有感情地朗读它，并说明自己被感动的理由）

作业：

仿照"没淤泥而蔼然含笑，断颈项而长锸在握"的句式，写一段对李冰精魂的评价或感悟。

三、教育随笔

教师应做促进学生生长的催化剂
——谈谈我对教育的理解①

感谢学校领导给我这样的机会，让我在教龄满 20 年时有了一个流露心声的场合；也感谢在座的所有同人，能耐心地陪我在这里听我一家之言。

到 2003 年，我当教师正好 20 年，在这 20 年的教育工作中，我深深地感受到：教师确实是一种非常特殊的职业。穿衣服不能随心所欲、张扬个性，要穿得端庄、稳重、大方；穿鞋还要考虑鞋底的材料质地免得走起路来

---

① 本文系崔琪于 2003 年 1 月的一次大会上的发言，收入本书时有少许改动。

响声过大，分散、影响学生的注意力。最特别的是，它不仅要求你为人师表，而且要求你能带出一批又一批像你一样也可以为人师表的学生。

一、我对教师的认识

教育的本质是什么？是发现、开发和培养人的潜能，健全人的身心，完善人的本领，使每一个学生都能成长为对社会有用的人才。学生不一定非要成为科学家才算是人才，只要他将来做的是社会需要和欢迎的，他就算成才了。就像台前的三盆花，颜色、形状、大小、芳香等各不相同，但都一样美丽。

要想学生个个成才，必须让他感受到做人的尊严和幸运：尊重他人和得到他人的尊重是做人的基本权利和义务；享受前人的创造和他人的劳动成果是一种幸运；让他认识到只有时时怀着感激之心去生活，才可能让现有的生活越来越好。要达到这个目的，最基本的条件是爱，就是要爱事业、爱学生、爱每一个值得尊重的生命。

爱就是欣赏，欣赏学生的每一种行为、想法、神情、愿望、进步、话语等，开始欣赏了，就开始奔向目标了。

以前人们把教师比做蜡烛，燃烧了自己，照亮了别人，后来有人认为这种说法不科学：自己都已经烧没了，哪里还能照亮别人？有些人把教师比作人类灵魂的工程师，结果作家和搞社会科学研究的人士有意见：教师是工程师了，我们是什么？有些人则把教师比作园丁，辛勤耕种，培育幼苗，可又有人反对，认为园丁工作需要的更多时候只是一种技能，缺少职业崇高感和创造性……我想这些说法都各有各的道理，都不能随便去否定。

但近来我常常在想，化学实验中的催化剂自身是一种物质，是一种成分，有的很活跃，有的不够活跃，但因为它们的加入，实验就加速了，新物质就生成了。教师就很像催化剂，各自有不同的性格，但投身教育后，在一轮又一轮的教学实践中，促进和引导了新人的成长和发展。关于教师的内涵定位还有许多需要人们继续思考和关注的问题。

二、我对学生的认识

"天生我才必有用"是诗句，也是真理。之所以说它是真理，是因为每一个来到这世间的生命，都具有与之相应的不可或缺的位置。"天下兴亡，匹夫有责"，没有匹夫就没有国家。对父母，他是儿女——即使不是独生子女，他也同样是父母的心头肉，无从替代；对集体，他是成员——即使他没贡献过什么成绩或没有任何特长，他在集体中的作用也是不可少的；对朋友，他是情感的依靠——失去他朋友就缺少了欢乐。正因为每个生命都如此重要，所以，应该让每个生命都充分享受到作为一个人的权利和快乐。

人都需要得到尊重，尤其是成长中的学生，更需要用尊重、肯定给他们以自信和尊严。用这样的态度和认识去面对每一天的教学工作，就会使学生在尊重和快乐中成长，使他们懂得人、尊重人、成为人，直至成长为对社会有用的人才。

在我所教过的926班，语文科代表写了一篇作文（描写一个邻居老太太，受人冷淡和白眼，但因为"我"见到她时总是朝她微笑，老人非常喜欢"我"，以至于"我"住校后，老人常在周六傍晚去车站等我。冬天，老人因为等我咳喘不停，不久去世。从此，她到家下车时，再也没有了那微笑的等待）。我的评语——"颇得鲁迅《祝福》笔法，读来催人泪下"，科代表因此爱上了写作，发表了很多文章，后来考入北广国际新闻系，在《光明日报》实习，发了四篇很有分量的文章，比如"小学生的午睡问题由谁解决？""谁该做学生干部"，等等。

再比如，996班郝景芳的一篇随笔《那树·那楼》描写爱情。我的评语是："爱情是人类最美好的感情，无须避讳。文笔优美抒情，描写富有诗意"。之后，我将其推荐给《中文自修》，得到很好的评价。这个学生后来获得新概念作文大赛一等奖。

这些都反映了欣赏和赞美的作用与效果。

上课读错字音，学生纠正，我马上就动员学生查看字典，只要我错了，一定大声表扬学生，感谢他给全班带来真理，同时大声纠错。

正因为教师处处尊重学生，学生才会感受到做人的尊严，也才会尊重别人、尊重生命。

在教学上，大力改革，变讲堂为学堂，这也是尊重学生的体现。学习课文，我总要想办法设计能引导学生深入思考和讨论的问题，不仅从阅读欣赏能力方面，偶尔还从做人的尺度和品位方面设题，让学生在语文学习中完善和规范品行。

学生最喜欢我对作文所做的"互动式"改革。"互动式"作文就是学生完成作文后，再写一篇"后记"，说明自己此次作文的得意之处和不顺手之处，然后交给教师指点评价。教师仅就"思维短路"处进行点评，教授解决方法。学生按要求修改，修改后写出"修改后记"，指出自己修改的满意之处和难以修改之处。然后交给3名同学评判。评判者要写尽其优点、指出不足、评出分数，然后再交给教师。修改合格者进入下一个写作过程；不合格者由教师与其进行面谈。这种两上两下的"互动式作文"最大的好处在于让学生慢慢体会和掌握了写、改、评的方法，在明确要求下调整作文思路与方式，不断地获得成就感，其作文能力得到了扎实有效的提高。分析起来，学生之所以喜欢"互动式"作文，是因为他可以在同学们的评语中得到从老师那里得不到的表扬与欣赏。

语文教师似乎有一种专利——通过周记了解学生，从周记中我们可以把握学生成长的脉搏。每看一篇周记，我都感到是在与学生谈心、交流，与他们同喜同忧，通过周记发现问题，然后努力去解决它。

比如0201班有位同学，期中考试成绩不理想，心灰意冷。他在周记中提出两个问题：①怎样才能让自己紧张起来？②语文学习的一般方法是什么？末尾附了一句："老师你骂我一顿吧！"

我的评语是："你很可爱啊，为什么要让我骂你？帮你算一道人生算术题：以60年计算，共21900天。其中睡眠20年，吃饭5年，路途（含旅行）5年，娱乐8年，生病3年，打电话1年，计算下来，40多年已经过去，此外还要照镜子、擦鼻涕、'美化自己'……这又得多少天？想想生命如此短暂，你哪里还敢不积极不紧张？"后来他在语文课上非常积极，课下主动提问。期末考试成绩出来一看，进步幅度很大。

关于我的微笑。

微笑源于喜欢和欣赏。后生可畏，想到台下的学生将来个个是人才，自然由衷地喜欢和欣赏。生活是镜子，你冲它微笑，你也会收获快乐。以前没觉得微笑会对学生有怎样的影响，但是毕业后的许多学生给我写信，说"您的微笑让我们感到放松和舒服，我们回答问题时，您总是微笑着点头，让我们充满了信心；回答之后您对我们的评价，又让我们觉得非常自豪"，还说，"在我们眼里，好像每个人都是您最喜欢的学生，因为您对每个人都是真诚地微笑，您真是既高贵又平民化的老师"。

已经就读首都医学院的李岳，在校时总是瞪着眼看人，令人很不舒服，我曾跟她谈过，但没什么改进。前几天她给我打电话说："以前您总教导我认真做事，真诚做人，我从未想过。来到医学院，看了一些书，尤其是上了解剖课后，觉得您说得特别对。人死时带不走什么，但要留下些什么。即使没有成果，也要留给人真诚的微笑。"

记得0207班一个学生上课复述课文梗概，断断续续，没有文采，也没有重点，当时还有两位老师听课。我想，如果我是他，在那样的位置是很难堪的，如果有人替我解围，我会很感谢他。后来练习文言文加标点，全班就他一人得满分。我就使劲表扬他，为他挽回面子。

我认为，我们教师应该特别留心和关注曾经遭受磨难或难堪的学生，要像对待新生儿一样去帮助他"修补"自尊。这样，学生才会懂得尊重与被人尊重的价值。

三、对一些问题的思考

1. 拖堂问题

谁都有过拖堂的经历。且不说学生对拖堂有多么反感，但看教师在下课铃声中喋喋不休时，是多么的声嘶力竭、多么的心烦意乱，也可以知道拖堂是多么的不得人心。我的做法是不到万不得已不拖堂。

"怕学生记不住，再重复一遍""这节必须讲完，下次开新课了""就差一句，不讲完没法下课"，这些理由貌似充分，实则矫情。

既然怕学生记不住，就应在备课时想办法突出重点、强化重点；单靠重复不能强化学生的记忆。拖堂讲重点，一两次可能管用，到了第三次，学生就会觉得是啰唆，啰唆的话就没人要听，于是与预期目的南辕北辙。

事先知道这节课容量大，必须讲完，就必须精心备课周密安排。"巧者善度，知其善豫"，意思是智慧灵巧的人，善于事先做好计划和准备。虽说教师未必个个是巧者，但能够传道授业解惑之人最应懂得科学安排课堂节奏。退一步说，就是没讲完，留给学生一块自由的空间让他们自己去想去解，不正是对他们独立创造思考能力的培养吗？

毕业于清华附中的作家史铁生曾说，有时语文老师讲课时接不上下句，出现"语塞"，但就是因为这"语塞"，我们展开了想象的翅膀。

一句话解决不了多大问题。关键性的一句，若不解释则没法收场；非关键性的一句，说与不说则无区别。那么"就差一句"是哪种性质呢？可见"就差一句"是借口。既然所说理由全站不住脚，就不要再为拖堂寻找理由！最好的办法就是拒绝拖堂！

课间10分钟，是学生法定的休息时间；强占这10分钟，就是侵犯学生的合法权益：凭什么属于学生的10分钟，要听老师的唠唠叨叨？说得再极端些，"强占别人的时间就是强占别人的生命"，这种事情还是不要做吧！

大量的事实证明，不拖堂的老师深受学生的欢迎；而优秀的老师则善于把握和调整课堂节奏，他的最后一句话，引来下课的铃声，此时师生皆乐，各得其所；好老师不论讲到何处只要听到下课铃声就戛然而止。也许会有意犹未尽之感，但其潇洒干脆，足以让人景慕；而总是拖堂的老师，无论教得多么好，学生也不会由衷地喜欢他。生不亲其师，怎能亲其道？

2. 兴趣的激发与保持

应该说，来到清华附中的学生都是热爱学习的，否则他不会报考这里。但后来为何有些人变得委靡不振，厌恶学习，这是值得研究的。我认为做太多的练习是一种恶性循环。在学习到的东西不多、"内存"不够的情况下，还一次一次地做试卷、做习题；做完后又一次次地受低分数的刺激，这必定会影响学生的学习兴趣。应该让学生在觉得有兴趣时，多提出问题让他思考、让他看书，这样做效果会好得多。这样学生会经常生活在求知求新中，而不是生活在练习、考试中。毕业班应该练，但一二年级不必如此。

多读书自然会增长生活常识和生活体验；常识多、体验深，就会更加关注身边周围的人和事；关注多思考就多；思考没有结果就会再去读书，这样就形成良性循环。

现在，学生的课余时间多被大量的试卷、练习所占据，比如去年"十一"假期，有的科目光练习卷就发了42张。这样，学生就根本无暇关心生活、观察社会，结果，物理课上讲"月明星稀"，有的学生竟说从没看过夜空。

我希望大家都能反思一下这个问题，是不是应该少一些考试和练习，多给学生一些自由读书的时间，以便让学生均衡发展，厚积薄发。

减少练习，教师也可以得到解脱，有充足的学习时间提高自己；水平和见识提高了，讲课也会有深度，就会激发学生的兴趣，形成良性循环。昨天，清华大学教务处汪教授讲了清华学生目前存在的5个问题，主要是因为读书少、对社会、对人生了解少，对传统文明感悟和继承得少，所以出现素质差的问题。

3. 学生情绪

在教学中学生的情绪是教学成败的关键因素。学生心情好、情绪高，会按照老师指导的方向或提出的要求积极思考、探讨；如果他们心情不好，必然情绪不高，表现出懒懒洋洋、不屑或不情愿的样子。我一直认为，如果学生不高兴了，一定是教师自身出问题了，所以应该多做自我反省。

比如，学习课文《汨罗行》时，因文章非常浅显，为促使学生认真读书，我绞尽脑汁才设计出"屈原该不该自杀？"的问题。结果冷场，学生拒绝讨论。如果用强硬的办法坚持讨论，学生也许会给我面子、敷衍一下，但他们内心会受伤害。受了伤害，心灵上就会有疤痕，今后他们遇到问题时，也可能会坚持错误，或者一意孤行。

4. 批评的方式

我们面对的每一个学生，都是成长中的孩子，当教师把一切问题的出现都归结为是成长中出现的问题时，很多问题就释然了。

比如，一位家长来校找我谈，流泪请求我管管自己孩子上课说话的问题和与家长沟通的问题。我这样教育学生：

"一个孩子如果不知道心疼父母，那他很难成为被人尊重的人；作为儿女应该让父母感到，你的存在给他们带来了更多欢乐，这才是最大的孝敬。我不能忍受一个母亲为了儿子而流泪，母亲流泪了，一定是做儿女的出问题了。"

"说得多了，想得就少了，总有被掏空的一天；听得多了，想得就深了，再说出来的话分量就重了。别的课不敢说，但语文课如果你听着没意思，可以看其他书，只要不说话干扰课堂、不虚度生命就行。"

"好习惯的形成需要21天，开头难，只要有决心去做，没有不能的事。"

这个学生按我的要求坚持了一个月，我又写信给他，称赞他是君子，"言而有信，恪守承诺，我以与君子相交而欣慰。"

之所以这样对待和处理问题，是因为对各个生命的尊重。我坚持着"做学生成长的参谋与伙伴"的理念。

拉拉杂杂，全无章法，但所谈皆为真实的事情，真实的想法，肯定有不当之处，愿意跟大家讨论和交流。

四、教育教学论文

1. 把"诱导"寓于调查之中——上好高中语文第一课①

一、案例

第一课时：完成"新生语文学习情况调查"

"情况调查表"内容大致分为听说读写四类，共 7 项问题。

1. 学生基本情况，包括上小学和上初中的地点、学校，中考语文成绩等。

2. 手中现有工具书的种类及名称。现在已订阅的报刊、喜欢看的报刊和希望订阅的报刊（均写出刊名）。

3. 学生读书情况的调查。问题如下：

你以前读过哪些书籍（列出篇名，多多益善）。

在你读过的书中，你最喜欢的是哪些（列出 5～10 种），简述喜欢的理由。

你喜欢买书还是借书？简述买（借）书的理由。喜欢买哪类书、借哪类书，为什么？

4. 对语文课的态度调查。问题如下：

以前你是否喜欢上语文课，为什么？

你喜欢初中的语文老师吗，为什么喜欢（或不喜欢）？（简述理由）

你认为怎样上语文课才能有效地提高语文水平？

---

① 本文于 2003 年获得"海淀区首届创新教育研究一等奖"。

如果老师讲得少，让你自己多读多背多体会，你会不会觉得枯燥无味？会不会因此觉得语文老师不负责或水平不高？

如果让你来上一节语文课，你会拒绝吗？如果不，你将怎样设计这节课？

现代人应具备多种能力，你认为哪些可以从语文课上获得？

5. 学生说话能力的调查。问题如下：

在众人面前说话你是否感到紧张？（很紧张、有一点、不紧张、不知道）

你认为自己口头表达能力如何？（很强、一般、不行、极差）

你认为是否有必要培养当众说话不怯场、简明连贯得体的能力，为什么？（简述理由）

6. 学生写作习惯的调查。问题如下：

你是否写日记、记过多久？

你一般在什么心情下写日记？

你是否有写随笔的习惯？

你在什么情况下写随笔？

如果要求你每周写一篇随笔、一篇读书笔记，你会不会觉得负担较重？为什么？

如果作文采用先自判、互判，后教师评判的形式，你是否以为这是一种有益的改革？

7. 学生阅读能力的调查。问题如下：

如果要求你一周之内读20万字（相当于2.5本《读者》），你能做到吗？

在每周上课的5天中，你经常用什么时间看书？

如果要求你一周之内读100本书，你能做到吗？

第二课时：对调查结果进行点评与讨论

公布调查情况，树立学习榜样，提出学习要求。例如，表扬回答问卷最认真的、写字最漂亮和最工整的、订阅报刊最多的、看书最多的（看科技类图书、文学作品类、文化书籍类、人物传记类）、写日记时间最长的、简述各种理由最清楚的和语文课设计最有特色的同学。要求全体同学向他们学习，发动全班同学争取在做事、读书、学识、积累、书法、表达等几个方面，相互展开竞争，并努力成为其中一项或几项的佼佼者。同时公布"写字不达标者"名单，要求他们每天练字15分钟。接着，教师对调查中第7

题的结果进行点评与讨论，根据学生的讨论结果，教师因势利导，对学生进行了读书方法的介绍。

问卷调查的结果，让学生们知道了班里哪些同学读书最多，对这类学生的表扬，激发起其他学生奋发读书的愿望；而读书方法的指导又恰到好处地起到了诱导和点拨的作用。

二、案例分析

每当教师面对一个新的学生群体时，他（她）最需要做的事情是了解关于这个群体的基本情况。常见的了解方法是诊断性测试，这种测试大致有两种类型：一是知识能力检测；一是问卷式调查。知识能力检测可使教师比较清楚地了解这个群体的学科水平，问卷式调查可以帮助教师比较客观地了解这个群体的全面情况。但无论采用哪一种形式，都不应仅限于了解一些基本情况，而应使之成为一次有意识的教育行为，把它作为对这个新群体教学的开端，并将其设计成生动、有效的第一课。

高中生与初中生相比更加注重自我形象的完善，更加在意别人对自己的评价，学习自律性和抽象思维能力逐渐增强，语文学习活动范围更趋广泛，学科学习兴趣也开始分化。在新的学习阶段开始时，教师应根据学生的这一转变，做好激发其学习兴趣，强化其学习意向的工作。

之所以对我校1999年秋入学的高一新生做"新生语文学习情况调查"，正是基于上述两方面的认识。

调查问卷中大部分问题属于常规调查，只有第7题是教师故意设置的，埋伏着对学生的诱导。设计这些问题，目的在于了解学生阅读的潜能和指导其掌握阅读方法。（调查结果见表1和表2）

表1　问题："如果要求你一周之内读100本书，你能做到吗？"的回答情况

班级、人数	能（人数、比例）	不能（人数、比例）	其他（人数、比例）
996班，50人	17人，34%	30人，60%	3人，6%
993班，50人	6人，12%	40人，80%	4人，8%
997班，21人	3人，14.29%	18人，85.72%	

表2 问题："如果要求你一周之内读20万字（相当于2.5本《读者》），你能做到吗?"的回答情况

班级、人数	能（人数、比例）	不能（人数、比例）	其他（人数、比例）
996班，50人	42人，84%	6人，12%	2人，4%
993班，50人	32人，63%	13人，26%	5人，10%
997班，21人	14人，66.67%	4人，19.05%	3人，14.28%

问卷调查得到的数据使教师对全体学生的阅读潜能和阅读方式有了清楚的把握，有利于其在教学中"量体裁衣"、因材施教，即根据学生差异调整教学、指导阅读；同时也促使教师深入思考调查中发现的问题。

教育心理学的研究成果表明，学生的学习过程离不开一系列的心理活动，这些活动大致分为两类：一类是包括各种智力因素在内的认识活动；一类是包括各种非智力因素在内的意向活动。在学习活动中，学生的非智力因素直接影响着学习的质量，因为任何学习都需要内在动机、兴趣的驱动，中学生语文学习积极性的高低，也往往为学习动机、兴趣所决定。

"调查问卷式"的高中语文第一课，最终目的就在于激发学生的非智力因素，让每个学生在重新整理自己对语文课的认识的同时，看到自己与同学的差距、找到应该学习的榜样、获得一些读书的方法。这样，他们就可能在不甘人后、"不能样样领先，只求一项过硬"的心态导引下，焕发出积极的学习态度，因而乐于在教师的指导下养成独立的、能动的自律学习习惯，并产生积极的意志和信念。而教师的指导又是对其现有知识结构的更新，激发了其智力因素。在这样一种精神状态下的学习肯定是理智的、高效率的学习。

列宁说过，没有"人的情感"，就从来没有也不可能有人对于真理的追求。充分利用学生的非智力因素，通过"诱导"调动起学生学习语文的兴趣，使其产生积极的意志力与旺盛的求知欲，才能保证其"主体"作用的发挥。"调查问卷式"的高中语文第一课达到了这一目的。它不仅让教师有效地了解、把握了学生学习语文的真实心态和真正水平，也对激发学生的读书欲望、激励学生的好胜心理、引导学生参与有益的竞争起到了一定的作用。不少学生在横向比较中，看到了自己的优势和不足，了解了广泛、快速阅读的技巧，初步明确了每天每周必做的事情，因而会更加自觉主动地完成

高中语文教学赋予的新任务。

2. 点拨·勾连·质疑——浅谈文言课文的阅读指导

传统的语文教学多把文言课文分解为虚词、实词、词类活用、特殊句式、人物性格、篇章结构等几个部分依次讲解。这种讲法，虽说可以讲清基础知识和基本要点，但却忽略了文章的深刻内涵和智慧，难以收到陶冶性情、汲取精华和传承文化之功效。

为纠正以往教学的偏颇，激发学生的阅读兴趣和背诵意愿，我在教学中尝试了问题铺路、重点质疑、智慧点拨的做法，取得了事半功倍的效果。

一、有意引导勾连古今

《烛之武退秦师》是一篇脍炙人口的佳作，篇幅极短，但《左传》"长于辞令"的特点可略见一斑。文中出现的几个人物，除烛之武外，其余三人都仅有只言片语。谋士佚之狐的建议和晋文公的退兵令，简洁明了，不必赘述。唯有郑国国君和使臣烛之武的话语，有待咀嚼，因此诵读引导就从这里开始。

问题引导：

1. 在秦晋合围、大兵压境、郑国危在旦夕之时，郑文公怎样动之以情、晓之以理地说服烛之武出马？

学生分析：

"吾不能早用子；今急而求子，是寡人之过也"，郑文公先认错，态度极为诚恳，坦言没有早些重用烛之武，实在是错误。国君对普通人认错，在等级森严的社会里，已让属下受宠若惊，受用不起，当然无法再跟他计较与他理论。这是动之以情。

"然郑亡，子亦有不利焉"，郑国灭亡了，你也没什么好处啊。郑文公用这句话，实际是告诫烛之武，国家都要灭亡了，你还能再与国君计较什么个人恩怨吗？这是晓之以理。因此烛之武不得不立即行动。

2. 烛之武面见秦穆公后，怎样步步为营，牵引对方入我彀中，直至放弃围攻？

学生分析：

"秦、晋围郑，郑既知亡矣"，烛之武开门见山地告诉秦穆公，我们已经知道自己必死无疑了。这样就传达给秦穆公一个信息：郑国对灭亡的结局没有惧怕之意。这是第一步。

接着用两个假设，第一个是："若亡郑而有益于君，敢以烦执事。越国以鄙远，君知其难也。焉用亡郑以陪邻？邻之厚，君之薄也。"（倘使灭掉郑国对您有好处，那就用这件事来麻烦您吧。越过晋国把远处的郑国作为秦国的边界，您知道它的困难；怎么能用灭掉郑国来加强邻国？邻国实力的加强，就是您实力的削弱）提醒秦穆公，你帮助晋国来消灭郑国，其结果只能厚邻薄君，何必要这么做呢？第二个是："若舍郑以为东道主，行李之往来，共其乏困，君亦无所害。"（倘使放弃进攻郑国，把郑作为您东路上的主人，您的外交使者的来往，郑国可以供给他们资粮馆舍，对您没什么害处）将两种不同的结果放在秦穆公面前：舍郑，受益的是晋；存郑，受益的是秦。何去何从，您应该知道怎样取舍。这是第二步。

将存郑亡郑的利弊说清楚后，烛之武又开始利用秦晋之间的矛盾进行挑拨离间："且君尝为晋君赐矣，许君焦、瑕，朝济而夕设版焉，君之所知也。夫晋，何厌之有？既东封郑，又欲肆其西封；若不阙秦，将焉取之？"（况且您曾经对晋惠公施恩了；晋惠公应允把晋国的焦、瑕两城给您，可是他早上渡过黄河回国，晚上就在那里构筑防御工事来防御您，这是您所知道的。晋国怎么会满足呢？已经要把郑国作为它东面的疆界，又要扩展它西面的疆界；如果不用损害秦国来益于晋国，还要到哪儿去扩展呢）这番话将晋国的忘恩负义、言而无信、野心勃勃描述得淋漓尽致。言外之意是，对那样一个缺德寡义的国君，你也要信他、助他，值得吗？这是第三步。

总之，烛之武利用秦晋之间的矛盾，处处从秦的利害上立言：先说亡郑对秦无益有害，再说舍郑对秦有益无害，最后指出晋的忘恩负义，说明不当与之共事。有理有据，秦穆公自然会被说动，所以就"乃还"了。三言两语便避免了一场战争，化解了郑国的灭顶之灾。

3. 烛之武的说话方式今天是否仍旧可用呢？

学生分析：

当然可用。因为烛之武是站在对方的立场上说话，先晓以利害，再说明战争的结果，让秦穆公觉得烛之武处处考虑的是秦国，是真的对秦国好，而不是为郑国考虑，所以他才会主动撤军。

教师总结：

烛之武诱导对方入我彀中的说理方法，其实就是今天我们所说的"换位思考"。在和别人打交道时，话说得好不好对于事情的成败有着至关重要的作用。所谓"良言一句三冬暖，恶语伤人六月寒"。那么，怎样说出"良言"呢？很简单，就是要设身处地地站在对方立场上去思考，去感受；真心实意为对方考虑；再恰当运用修辞方法，就像邹忌用类比的方法劝说齐王广开言路一样。这样说出的话就会令对方受用，使其心服口服。

二、巧妙点拨文化智慧

西汉大辞赋家贾谊写《过秦论》，批评秦国不施行仁义，指出其灭亡的原因是由于暴政。在谈到秦国日渐兴起、横扫天下之势不可抵挡的时候，有过这样一段描述："秦孝公据崤函之固，拥雍州之地，君臣固守，以窥周室；有席卷天下、包举宇内、囊括四海之意，并吞八荒之心。当是时，商君佐之，内立法度，务耕织，修守战之备；外连衡而斗诸侯。于是秦人拱手而取西河之外。"这段描述的精彩之处，不仅在于那短促精练的文字形成的难以遏抑的气势，更在于文字背后启人心智的深刻内涵。

问题引导

1. 秦孝公凭借哪些条件，得到"拱手而取西河之外"的成果？

学生分析：

"秦孝公据崤函之固，拥雍州之地"，先说拥有怎样的地势和领土，这是他取胜的固有条件；再说"君臣固守，以窥周室，有席卷天下、包举宇内、囊括四海之意，并吞八荒之心"，表明秦国上下齐心，有着共同的理想和奋斗目标。这是他取胜的主观因素；最后说"当是时，商君佐之，内立法度，务耕织，修守战之备；外连衡而斗诸侯"，说明当时有谋臣辅佐，对内制定法律制度，依法治国；同时发展经济，全力投入农业纺织，加强武器装备。这就为富强壮大提供了可靠的物质基础；此外，还有合理的外交政策，远交近攻，拉一个吞并一个。这是秦孝公取胜的基本做法。

2. 从秦孝公对国家的治理方式中，你可以得到哪些启发？

学生分析：

第一，要有理想，有奋斗目标，这是人们进取的动力；第二，成事需要谋臣辅佐，即有所谓的智囊团为你出谋划策；第三，要有强大的经济基础，这样国家才有实力，才能震慑天下，还要有强大的军备，要做到即使有人挑衅也能主动出击；第四，要有合理的外交政策，就是要善于利用别国的矛盾达到保全自己或者坐收渔翁之利的目的。

教师总结：

从主观上讲，做事需要有理想、有目标、有具体设计；从客观上讲，一是要有实力，二是要善于"借力"。有实力指的是有学识、有才干、有基础；会"借力"指的是善于集思广益，善于借助众人的智慧和力量。其实也就是王安石所谓的成功三要素："志、力、物"缺一不可。而无论是否担任领导工作，成事都需要这些基本条件，推而广之，要治理好一个部门或者一个国家，尤其应该思考并利用好这些要素。

三、大胆质疑"定论""成说"

古人的一些成说，似乎已是天经地义，无须讨论，但细致追究起来就会发现问题。比如中国人从小就会背李白的《静夜思》——"床前明月光，疑是地上霜。举头望明月，低头思故乡。"这是一首思乡诗，但很少有人认真想过：既然是在床前（屋内）看到月光，又怎能"举头望明月"（屋外）？翻看古今相关的书籍，似乎没有书特别注释"床"是什么；而所有的为少儿出版的诗配画类的书，都无一例外将"床"画为现代人睡的床。

质疑引导

1. 睡在屋内的人却能"举头望月"，为什么？关键在于对"床"的解释。引导学生查词典考证"床"的意思。

学生查阅后发现，"床"的第一个义项是"古代坐具"；还有一个义项是"井上的围栏"。如果把"床"解释为"井上围栏"，这首诗的内容就好理解了。正是因为睡不着，诗人才坐在井栏边的空地上看月亮，发现明月洒下的清辉好像为大地铺了一层霜；明月清澈清凉，让人感到清冷甚至凄凉，因而想念温暖、想念热闹，心中便涌上了浓浓的思乡情。再结合这首诗的题目"静夜思"——静夜中的忧愁（"思"：忧愁）——便可证实这一点。这样就把多年来人们的误解或者错解澄清了。

2. 为何"疑是霜"？"霜"在诗中有什么深意？

学生思考后发现，"霜"字的深意在于它是"秋的意象"。"秋在心上使人愁"，诗人为什么不能睡着？一是秋天湿冷，人难以入睡；二是因为思乡而心中备感寒冷，于是思念那充满温情、充满暖意的地方。因为思乡，便愈加觉得湿冷；又因为湿冷，便愈加思乡，浓厚的思乡情由此传达出来。

教师总结：

由"霜"到"秋"再到"愁"，这是人们思乡的固有"程序"，《静夜思》再现了这个思维流程，再现了这种普通人的情怀，所以它深刻。

其实这样的质疑可以频繁出现在学生的诵读指导中，有时可以有疑而问，有时可以无疑而问。比如，"仓廪实"就一定"知礼节"吗？为什么如今人人有饭吃国民素质却仍有待提高？再比如，"锲而不舍"就一定可以"镂金石"吗？……

经常对学生进行这样的思辨训练，不仅可以引导学生全面理解文章的内涵，清晰诵读思路；同时还可以帮助他们浸润在博大的中华文化中，在"与古人对话"的同时进行思考和扬弃。日久天长，学生们必会悟得祖国文化的精髓，自觉传承民族的精神与智慧。

（2005 年 8 月 8 日）

3. 捉襟见肘的改革 ——新课改实践周年记

北京市高中课改的实施已过去一年，回顾这一年来走过的路和经历的事，真的是感慨良多，一言难尽。培训时充满渴望，设计时殚精竭虑，实践时毕恭毕敬，考试时战战兢兢……对于我们，这只是实验的一年，但对学生却是高中生活的三分之一！

一、关于培训

进行新课改，"没有经过培训的教师不能上岗"——上级的命令严格而刚性。于是所有准备教高一的教师分别在 2007 年暑假和 2008 年寒假接受了为期 8 天的集中培训。培训好像一场空前的洗脑，从新课标的理念到课标内容的逐字讲解，从实验区出现的问题到各个模块的编写框架；从示范课的观摩讨论再到分组合作设计单元教学、很有章法、很有规模，应该说组织者用尽心力。但结果如何呢？很多一线教师并不像领导们希望的那样兴奋。

暑假培训（2007年7月16～19日）中，我担任第一大组的组长。我被要求负责全组的学习讨论，同时承担语文必修教材第一模块第一单元的整体设计，最后还要代表全组到海淀区大会上汇报我们的学习体会、讨论过程和设计结果。

在连续两天的报告①中，我们知道了必须无条件地进行新课改，知道了新课改的理念在于关注学生的发展，通过学习、讨论、探究，让学生学会学习，教师要努力通过课堂为学生的成长搭建平台；也知道了新课改后，教学时间严重不足，已经开始课改实验的省在加班加点地上课，学生几乎没有了休息日！还知道各级领导都非常重视这次课改，所以才会如此"兴师动众"地组织全市教师进行岗前培训。

对于这次培训，老师们的普遍感觉是听了报告依旧心中无数。特别是有一个报告，介绍的是课改实验区的一些研究课，老师们最希望听到的是研究课的教学目的、课型设计、展开过程、教学方法、课后作业、学生反映以及目标落实的检测或者明证。但那个报告只是笼统地说有的课上得好——好在哪儿？为什么好？值得汲取和推广之处是什么？对这些问题全无交代；说有的课糟糕——糟在哪儿？哪里不符合新课标的理念？教师都不清楚。于是，只得在惶惑与疑问中开始讨论。

讨论没有规定的题目，只有"单元设计"是硬性的任务。参与讨论的都是一线教师，没有人唱高调，而是议论纷纷，无不忧虑地说：这么厚的教材，这么多的内容，这么难的作业，在规定的时间内怎么完成？如果样样都落实，课时根本不够，效果也不可能好——蜻蜓点水与稳扎稳打毕竟悬殊迥异——最后拿什么对高考负责？有些富有多年教学经验的老师甚至说，"甭管那些，原来怎么教现在还怎么教"。本以为年轻教师会勇敢些、热情些、大胆些，但年轻教师更是唯马首（老教师）是瞻，他们被老教师的忧虑和冷淡感染，也缺乏积极性。

就像学生没听懂老师的讲课内容也要想办法完成作业一样，我们的单元教学设计还是要做的。本着起始年级应激发兴趣、培养习惯、掌握方法、循

---

① 报告共四个：顾之川《人教版高中课程标准实验教科书介绍——语文》；王本华《人教版普通高中课程标准实验教科书——（语文）整体介绍》；刘宇新《语文学科教学指导意见和模块学习要求（试行）的辅导》；王云峰《走进高中语文新课程》。

序渐进的语文学习规律，所有老师的单元设计都把目标锁定在"狠抓基础、训练方法"上，教学设计也都是围绕"抢占时间，激发兴趣，打好基础"的主旨进行的。

寒假培训（2008年1月26～29日）[①]，这次我是第21组的组长，被要求组织全组观看研究课的录像与讨论，并承担选修模块《中国文化经典研读》第六单元的整体设计，最后代表海淀区到全市大会上作汇报。

这次培训显然比暑假培训丰富实在了许多，有市教研部的工作汇报——让我们知道新课改实施以来，全市共有多少人进行了课改培训，有多少年轻教师上了研究课，上课的基本思路是怎样的，比较有效的研讨方式是什么。当然，大家认为最有用的是王云峰先生的报告，他深入浅出地解释了新课标指导下的教师备课方式，让所有老师都感到"有了抓手"。比较令人满意的是，通过课堂实录我们知道年轻教师在教学中创造性地运用了点评法、小组讨论法，新课标的基本理念由此得到体现。

讨论中，大家还谈了必修第一、第二模块教学实施的情况，普遍认为时间太紧张，很多需要学生自己探究的内容不能放手，放手就赶不上进度，只好浅尝辄止；课文篇目必须有所删减，即使是计划教学篇目，也必须有详略取舍；"表达交流""梳理探究""名著导读"版块中的多项要求形同虚设，虽有周记、摘抄、长假集中阅读、读书报告会等手段辅佐，仍然无法保证人人达标。

在讨论中大家一致认为，好的探究方法确实可以提高学生能力，但若无充分的时间作保证，依然是纸上谈兵。圈点批注学习法对于重点中学的学生尚且有一定难度，对于普通中学的学生来说更是难以驾驭。

在全市大会上，我作了题为"难·易"的发言，从选修教材的难度、教师的基本素质和学生的能力现状三方面，论证了教授《中国文化经典研读》的空前困难，提出"从简从易"的主张。

一年之后反思这两次培训，我认为比较好的、有效的培训内容有三：第一是专家报告：介绍的是新课标理念下的教学思想、备课方式、课堂设计和

---

① 寒假培训报告有三个：顾之川《高中语文选修课的实施》；刘宇新《把握方向平稳起步：高中新课程语文必修一、二模块实施总结》；王云峰《准确理解新课程标准 整体把握课程内容 处理好必修与选修课程的关系》。

容易出现的问题；第二是点评讨论录像课，尤其是专家点评录像课——不听溢美之词，专讲"点穴"之功；第三是分组研读、设计将要教授的文本。其余的多为走形式，尤其是两次培训结束日的汇报，要求老师们上台讲自己负责的某个模块或某个单元的设计，实属无用之功——因为在具体的教学时，那些设计几乎全无用处！

二、关于必修模块

在高中一年级，我们已经完成了高中语文必修的四个模块（四本书）。应该怎样来评价这一年的教学呢？可以这样说：时间没增加，但容量加大；课时没改变，但要求改变；高考没改变，但任务繁多。

语文教学仍旧是每周5课时，但过去是一个学期一本书，每册书六个单元；现在是一个学期两本书共八个单元。过去一本书只分作"阅读""写作、口语交际"两个版块，现在一本书分作"阅读鉴赏""表达交流""梳理探究""名著导读"四个版块。

这当中比较难于处理的是"梳理探究"和"名著导读"。第一是因为"梳理探究"内容庞杂，没有什么条理性，只不过涵盖了语文学习应该了解的知识，要求面面俱到不能疏漏，而教学中又没有那么多时间确保落实。第二是因为"名著导读"① 指定的名著经典都是鸿篇巨制，短时间内难以读完。特别是高一开篇读《论语》《大卫·科波菲尔》，要求在半个学期内读完！《论语》是文言语录，暂且忽略文字障碍不计，单单是它深刻的内容与深邃的思想就够学生们消化一阵子。再加上近几年各位专家凭借一己之见随意解读的聒噪，让本来还可以大致理解的《论语》变得多元多解，学生们初涉《论语》便失却了方向与主见！而狄更斯的《大卫·科波菲尔》洋洋洒洒将近一百万字，更让学生丧失了阅读兴趣！

因为困难，因为没有时间作保证，也因为学生确实少有时间潜心阅读，于是很多学校尤其是普通中学已将这两个版块"移除"了。稍好一点儿的学校则让学生自己阅读，然后动用考试手段，进行一点儿必需的检查。即使是重点中学，也不可能把精力完全放在那两个版块上——毕竟高考才是悬在

---

① 名著导读，高一共涉及 8 部作品：《论语》《大卫·科波菲尔》《家》《巴黎圣母院》《红楼梦》《高老头》、莎士比亚戏剧、《谈美》。

头上的利剑！

我们在教学中努力顾及了这两个版块。比如对《论语》，设计了利用摘抄本抄原文、抄译文、写点评、写感悟的方式，促进学生自学；对《大卫·科波菲尔》《家》《巴黎圣母院》等巨作，用写读书心得、开读书汇报会的方式进行督促；而对"知识梳理"中的"优美的汉字"、"奇妙的对联"、"姓氏源流与文化寻根"、"逻辑和语文学习"、"影视文化"等内容进行了整合规划，利用课前3分钟演讲分别落实其中的知识。设计形式听起来很到位、很有针对性，可不少学生在写读书心得或进行读书汇报时，其发言稿大都借鉴了别人的心得成果——有真情实感、真知灼见的不多！如果继续以赶集的速度阅读名著，要读完、要有感想、要写出心得、要进行交流，不知会助长多少学生的抄袭挪用之举！学术腐败之风是否会因此而祸及高中学生？

名著导读后面涉及的作品还有《三国演义》《堂吉诃德》，当然选修时还会有其他。我们姑且不论学生是否有兴趣、有能力在规定的期限内读完这么多作品，只看一看，在全面推进新课改、所有科目都要求学生研讨探究，必须出成果，进而演变成各种形式的作业铺天盖地的大背景下，学生能不能、有没有时间去读？再回想一下高一新生第一天来校报到，回家时竟背了42本教材的情形，就知道他们承受着多么大的负担！难怪学生们提起新课改都表情沮丧："课改就是让我们更累！"

在教学实际中，越来越多的学生不能按时完成作业，当老师催交作业时只能以苦笑和道歉来应对；越来越多的学生要到凌晨3点才入睡，因为要完成明天要交的作业！不要责备老师留作业——老师也不愿忍受繁重的批改作业之苦——但没有作业或少留作业，又怎能达到课标规定的高度？语文新课标规定：学生在50周内，自读"不少于150万字的文学名著（五本以上）""练笔不少于2万字"！仅语文一科尚且如此，九门课程算下来，学生面对的任务会是多少？

记得"五一"节后回来的第一次语文课，为了调整教学节奏，我们曾让多出两节课的3个班到阅览室上了一次阅读课。学生们高兴得不得了，后来屡次问，老师，什么时候再上阅读课？所以，问题不在于学生不喜欢阅读，而在于课程设计的要求！

必修模块教学中出现的问题除了前面说到的时间紧、任务重外，还有一个致命的地方，就是节奏不合理！比如作文，第一学期两个模块练习写记叙文；从第二学期开始进入议论文。以往用高一一年的时间学习和写作记叙文，师生都感到力不从心，现在只用一个学期就完成，实在太仓促了！学生还不能自如地运用描写、还不会精当地"点睛"，这一页就翻过去了！而议论文还没掌握如何审题、如何清晰地论述，就进入"写得深刻""写得新颖"——就好像还没走利索，就要求百米冲刺一样，怎么可能呢？又比如教材内容的编排，现代诗歌教学部分，要求从诵读进入，揣摩意象、体悟情感——学生还不知道什么是意象，怎么"体悟"？当然教材的设置是另外的问题，但时间紧而难度大、要求高而内容多是无法回避的矛盾。

三、关于选修模块

按照新课标的设计，选修模块应该是最能满足学生需求、最能体现个性的，但实际情况却是难以兑现！

首先，"走班"将造成管理失控。

第一，"走班"的形式。虽然说可以是网络，也可以是现实的课堂，但网络上课时，学生是否真的学了，是否真的按要求探究了，是否真的写作业了……这些都难以准确地知道和掌控。在中学生自律性普遍较弱的前提下，少用为妙。目前北京四中和昌平的一些学校尝试在网上进行探究和讨论，听起来很热闹，但进去一看便知活跃分子永远是那几个人，更多的人可能连光顾都很少，更别提参与研讨了。

而采用课堂讲授方式，如果是本校的教师授课还好，但若是外校教师，让学生追随授课教师去他所在的学校就更不靠谱了！还要补充一句：不能要求本校教师开出所有的选修课，不可能，也没必要！因为开全选修课只能造成巨大的资源浪费！比如中外文化论著选读的《论语》选读、《孟子》选读、《老子》选读、《庄子》选读、《人间词话》选读、《歌德谈话录》选读、中华文化寻根、民俗文化专题、社区文化专题等，其中有些课连大学都开不出来，遑论中学！

第二，"走班"的作业。高中生最终面对的是高考，既要参加高考，就得平时练习、准备。即使开始选修课了，也还要写作业、写作文。如果在必修模块时学生在某位教师那里上课，但开选修课时，这名学生却在其他教师麾下，那么，他的作业、作文该由谁负责评改呢？由原来的教师负责？——原来教师不负责那个选修的内容；由选修课教师负责？——选修教师是临时的，到高考复习时，学生还得回到原来必修课的教师那里，怎么办？——一团乱麻！

第三，"走班"的课表。前面只提到了语文选修课的情况，如果几门选修课同时进行，势必每个学生都有自己的课表，几百名学生的课表编排，谁会？

其次，"走班"的结果必将是使管理成为空白。

在走班过程中，教师缺乏对学生学习选修课的指导。学生虽然有需求，但何时该选何种课程，怎样才是"量体裁衣"，目前无人指导。学生只能凭感觉选，这必将造成冷热不均、分布失调。

最后，选修课的教师配置存在困难。如果班额过大，探究将成为难题。因为选修课重要的内容是探究，探究的形式无外乎讨论和写研究论文，一名教师应面对多少学生比较适宜？无人知道；如果开的选修课成为冷门，只几个学生选，那么教师的酬金是否和应对几十人的酬金一样？

面对这么多不可控因素，只好把选修课变成以必修方式规定选修内容的传统形式。不管是否有个性需求，老师讲什么学生就得学什么。于是，所谓的选修模块其实是规定的集体必修！这样的选修课又何必美其名曰"选修"？

作为一线教师，对于集体必修的"选修模块"形式是接受和认可的，因为那毕竟可以看着学生学习，但对于落实新课改的理念又有什么价值呢？

不是开设选修模块的理念不对，也不是选修模块的内容不好，实在是因为开设选修模块的土壤尚未形成！最重要的是，高考——这个结果没有变，却要求那么多原因去改变，实在是天方夜谭！

（2008 年 8 月）

4. 转变理念、燕舞莺啼——新课标实施中几次有益的尝试

作为课程改革，新课改到底要改什么？不论是改教材、改课程结构，还是改教学目的，最终都离不开教师对课改的体认。课改说到底是教师理念的改革。

老子有句话说"有之以为利，无之以为用"。意思是："有"的部分，提供了条件和便利，"无"的部分，才发生效用。"有"可以理解为科学技

术，"无"则是精神力量；"有"可以理解为课程标准，"无"则是教师们对课标的实施；"有"可以理解为现成的语文教材，"无"则是教师对教材的处理。虽然科学技术代表着进步，课标意味着"法规"，教材规定着学习内容，但有时候无形的东西才是最有用的。因为，不论科技怎样进步，课标怎样细化具体，教材怎样生动丰富，最终发现发明科学技术、实施课标、使用教材还是靠人的理念。所以说，课改实际上是教师理念的改革。

教师理念改革了，才会有行动的改革。以往的语文课堂，经常可以见到教师声情并茂、滔滔不绝，学生心不在焉、睡眼迷离的情景。是什么原因造成这种现象？因为教师把课堂当讲堂，学生品尝不到学习的愉悦感。而新课改就是要把课堂当学堂，把学习权、话语权和探究权还给学生，让他们通过阅读、感悟、品味和尝试产生学习兴趣，体会深层的学习快感，提升境界与素养。

基于上述认识，笔者在必修1、必修2模块中，精心设计了几个实践活动，让学生在品尝了学习语文的乐趣之余，提升了语文能力。

实践一：姓名介绍

语文必修1、必修2模块中的"梳理探究"，分别涉及了"优美的汉字""奇妙的对联""修辞无处不在""姓氏源流与文化寻根"等内容。将这些需要梳理的知识，转化为学生自己的知识和语文能力，是这项实践活动的设计意图。

活动要求：

1. 学生自己查字典，了解自己姓名所用汉字的意思；

2. 采访家长，了解家长起名用意与原因；

3. 上网查资料，了解本姓氏的起源与杰出人物（若遇到重复姓氏，可补充前面同学未讲到的内容，或者纠正前面同学讲解的不足，或者放弃这部分内容）；

4. 用一副对联或两个成语评价自己的名字。

活动过程：

1. 教师按照上述四项要求，示范讲解自己的名字，使学生对此次活动有形象感知；

2. 学生利用PPT，将自己姓名使用的汉字，从字形到字意，向全班做讲解。

有个学生叫李子奇，原本觉得自己的名字不太好，因为三个字的韵母都是"i"，别人叫他时，常常将"子"带过，变成了"李奇"，这让他很郁闷。在这项活动中，他认真查阅了字典，知道"子"是象形字，古代指儿、女，现专指儿子；"奇"是会意字，《说文解字》中注："奇，异也，一作不耦。"再查"耦"，发现"耦"是指一种双人耕作的方法，"不耦"，就是独特、独自、不与他人一组的意思。而通过采访家长，他知道父母给他起名的用意正在这里——希望他成为李姓中与众不同的男孩。于是他得意地评价自己的名字说，"自古李是大姓，如今我为奇才"。

在此项活动中，学生必须查《说文解字》以了解名字中汉字的本义；必须查《现代汉语词典》以明白名字中汉字的丰富含义；必须采访父母，以清楚父母对自己的希望与寄托；必须上网查阅本姓氏中的名门望族、知名人物；必须绞尽脑汁，用对联写出对自己名字的评价；必须归纳整理，以便在3分钟之内讲完上述内容，必须做PPT，以便听众能轻松准确地获取知识。

活动中的查字典、了解汉字的本源，采访父母、了解起名初衷，做PPT、介绍自己的姓名，写对联、评价自己的名字——所有的环节，无一不是对学生获取资料、搜集整理、表达说明等基本功的训练，同时又将教材中需要梳理的知识做了很好的整合。

实践二：写新闻报道

必修模块中的新闻单元，是一个不太容易处理的单元，语言亮点不多、思想深度也乏善可陈，唯一值得称道的是记者报道时切入的角度。而学习新闻的最终目的，还是懂得新闻的特点，能够写作新闻。基于这样的想法，笔者设计了这次活动。

活动契机是高一第一学期的"高一诗歌大合诵暨班歌比赛"。因为是全员参与的年级大型活动，又是学生进入高中后第一次学科比赛，所以他们格外投入。"诗歌大合诵"取得了预期的成效，所有学生都在诵读中加深了对所背作品的感悟和理解，而学生对班歌的展示，又使其将诗歌常识转化为了创作能力。

活动要求：分小组合作完成这次比赛的新闻报道。具体做法是，全班按座位分成四个小组，第一组以班级宣传委员的身份向清华附中校园电视台投稿；第二组以语文老师的身份向清华附中校园网投稿；第三组以清华附中校园电视台记者的身份向全校作报道；第四组以清华附中通讯员的身份向《北京日报》投稿。

活动过程：小组派出代表，在全班展示写好的报道稿，然后全班同学进行点评。点评标准是：这篇报道稿是否清晰地描述了"大合诵"的事件；是否有针对性；是否符合受众需求。

学生报道展示：

1. 以本班宣传委员的身份向校园电视台投稿

　　2007 年 10 月 22 日下午 5 时，在食堂三层报告厅，本班（G0707班）经过不懈努力，终于在年级大合诵比赛中荣获第一。

　　赛前，我们进行了非常辛苦的排练，几乎每天排演到 7 点。许多同学因此没吃到热腾腾的晚饭，有的同学甚至写作业写到零点以后。在比赛中，我们难免有小失误，但是我们用团结精神克服了它，最终取得了第一名的好成绩。

　　赛后，大家非常开心，并表示会再接再厉的。

师生点评：作为宣传委员，应重点报道不为人知的情况——没吃晚饭、写作业到凌晨等信息，很好，但什么样的比赛值得这么付出？应该交代比赛的背景；还应写出比赛对促进班级建设的意义。一句"非常开心，再接再厉"有点笼统。

2. 以清华附中通讯员的身份，向《北京日报》投稿

诵出青春的风采

　　清华附中讯　2007 年 10 月 24 日，清华附中诗歌大合诵比赛在礼堂举办。高一年级 9 个班的同学展示了排练多日的班歌及朗诵表演。

　　这次活动充分表现了学生的文采，中华民族美好的文学精髓，让到

来的多位教委代表体会到了附中同学在党的指导带领下展现的精神风貌。

师生点评：作为向报纸的投稿，有题目，很好。但第二段话明显地大而不当，应该强调这个活动的独特性和在中学举行这种活动的意义才对。

3. 以语文老师的身份写报道稿

清华附中讯 10 月 24 日，于食堂三层召开的 G07 级大合诵比赛历经 2 个小时圆满结束。到场除 G07 级全体学生外，还另外邀请了王殿军校长，海淀教研员等在内的众多专家评委及老师。

本次比赛分班歌和诗朗诵两大部分，共有 9 个班级参加。在比赛中，同学们热情投入，形式富于创新，蕴涵感情。最终，G0707 班同学凭借其精彩的表演摘得桂冠。

赛后同学们情绪高涨，获奖班级纷纷合影留念。

师生点评：语文老师是活动的发起者，应该在消息中重点介绍活动的具体内容、活动的背景和活动的意义，作为校园新闻还应报道比赛成绩。

4. 以校电视台记者的身份，向全校报道

清华附中没有更好的新闻

校电视台记者讯 2007 年 10 月 24 日下午 3 时许，在清华附中大礼堂召开了"高一诗歌大合诵比赛"。比赛获得了圆满成功。

据某位不愿透露姓名的有关人士说，七班以无与伦比，难以言表，前无古人，后无来者的压倒性优势获得第一。

其他班级虽都超常发挥，却无法撼动七班的霸主地位。共 9 个班级参加本次大赛，历时 2 小时，如若他们是一群灰狼，七班便是咆哮的灰熊。

这次比赛成功地达到最初目的，展现了每个班的风采，同时让同学们领略了诗歌的魅力。比赛始终在激昂的气氛中进行，并以获一等奖的七班同学再次唱响班歌圆满结束。

师生点评：作为校园电视台记者，应客观报道活动的内容与过程，但这篇新闻带有比较强的主观色彩，不是新闻应有的风格。活动背景与活动意义也都没有显现；题目仿照课文，创新意义不够。

虽然活动动机是学以致用、举一反三，但从学生写的报道中发现，他们还未完全掌握新闻写作的一些基本要点。为了固化知识，形成能力，还需要做更多的功课。因此在学生的活动结束后，笔者又把教师为校园网写的报道稿展示给学生，让他们品评异同、评价高低，最终落实了写新闻报道的基本法则。

实践三：改写散文为诗

活动意图：促进背诵，巩固诗歌学习的成果。活动以语文作业的形式完成。

将诗歌改为散文以提高学生对诗歌的鉴赏和品评能力，是以往教学中的惯常做法。诗改文锻炼的是想象和描写能力。而将散文改写为诗歌则是一种大胆的尝试，锻炼的是概括和推敲的能力。实际上，在实践前，笔者对这次尝试也没有太大把握。

活动要求：

1. 将朱自清散文《荷塘月色》的 4～6 段，改写为一首诗。四言、五言、七言皆可，必须在四句以上，多句不限。

2. 认真揣摩原文对"荷塘月色"的细致描写，品味文中描绘的景物，将景物变作诗中的意象。

3. 写出的诗要与原文静谧清幽的意境相吻合。

学生作品展示

荷塘月光·李璐瑶

曲曲荷塘边，莲叶何田田。花现娇羞态，风携清香来。流水本无痕，平湖起漪涟。月光泻世间，青雾浮水面。月陷薄云中，隐隐见远山。

荷塘月色·寇梅如

微风碧水月苍茫，蝉鸣蛙声稀柳杨。翠裙红妆遥似望，轻笼漫香自悠长。

荷塘月色·戴哲昊

亭亭荷叶托羞花，月如薄雾笼青纱。光影交织斑驳画，又闻鸣蝉伴田蛙。

荷塘月色·刘韵迪
荷倾一池碧，水托三里香。
塘立娉婷子，木隐婀娜郎。
月影挂疏桐，清韵漫园央。
色若昭君容，华比璞玉光。

文改诗，绝大多数同学都写得像模像样，遣词造句大都符合作业要求。尤其令人啧啧称叹的是刘韵迪同学的改写，不仅保留了原文的风采，而且将"荷塘月色、水木清华"作为藏头写入诗中。其工整的对仗、清幽的意境，唯美的意象和融情于景的手法博得了同学们的交口称赞。

活动中还有个有意思的插曲。作业交上来，笔者发现了这样一则改写"远看荷塘黑乎乎，上头下头一边粗。有朝一日倒过来，上下还是一边粗。"在啼笑皆非之余写下批语道：好东西被你"暴殄"了！然后在发作业时与这名学生进行了沟通。学生端正了认识后，再交上来的改写就像点样子了："月色笼荷叶，薄雾浮荷塘。荷花似明珠，清风送幽香。"

没想到一次普通的作业，除了提高学生的语文能力外，还能带来警醒觉悟、促进成长的功效，这种"副产品"的获得实在是令人喜出望外、可遇难求的成果。这也刚好符合新课标中对教学目标的要求——在培养语文能力的同时，教师要善于引导学生提高思想认识、道德修养、文化品位和审美情操。

三次有意为之的实践活动，只是实施新课改以来语文教学活动的几个片段，一些花絮。尽管语文教学不能总是像诗歌大合诵比赛似的"轰轰烈烈"，但融入其中的理念——在阅读中感悟，在实践中提升，在提升中增强感悟与思考，直至提高语文能力——会让学生最终受益。

丛 书 后 记

2008 年的"北京市特级教师推广计划"专项研究项目由北京教育科学研究院教师研究中心主任鱼霞研究员担任项目负责人，具体组织实施了项目的研究工作。北京教育科学研究院教师研究中心的申炜、李一飞、韩淑萍、郝保伟，中央民族大学的夏仕武，北京师范大学教育学部课程与教学研究院的王永红、潘新民、郑玉飞和黄华参加了该项目的研究。

根据委托项目的需要，经过严格的选拔程序，项目组共遴选了 5 位北京市特级教师作为 2008 年该项目研究、宣传和推广的对象。他们分别是：北京教育科学研究院基础教育教学研究中心小学数学特级教师吴正宪、北京大学附属中学数学特级教师张思明、北京小学语文特级教师李明新、清华大学附属中学语文特级教师崔琪和北京师范大学附属实验中学英语特级教师胡国燕。从 2008 年 3 月正式启动项目到 2009 年 8 月，项目组对入选的特级教师进行了为期一年多认真扎实的研究：通过长期跟踪研究、访谈特级教师本人及其成长过程中的"重要的他人"等方法，获得了一系列第一手资料，收集、阅读和梳理了大量的文献与音频、视频资料；组织召开了多次研讨会、专家咨询会及特级教师交流会，完成了特级教师研究的基础性工作；对特级教师项目的研究成果进行了多次反复的修改、整理、讨论，最后定稿。经过一年多紧张的研究工作，"北京市特级教师推广计划"项目组如期顺利完成了 2008 年度的各项研究任务。

回顾一年多的研究过程，从研究项目的审批、研究目标的确立，到项目管理和项目活动的组织与协调工作等，始终得到了北京市教育委员会、北京教育科学研究院和北京师范大学教育学部领导与专家的指导、支持与帮助，在此，项目组对他们深表谢意！

我们更要衷心感谢 5 位特级教师和他们所在学校的领导、同事、学生以及与特级教师相关的"重要的他人"对我们研究工作给予的支持，没有他们的大力支持与配合，我们的项目将无法顺利完成！

　　我们也真诚感谢本项目组所有研究人员辛勤的专业贡献！在短短一年多的时间里完成这样一项研究任务，对项目组的每一位成员来说都是一种考验。在研究过程中，大家精诚团结，克服了诸多困难，完成了研究任务。

　　最后，我们还要感谢教育科学出版社的相关责任编辑，他们为保证丛书高质量地出版，对书稿进行了认真的审校和加工，付出了大量心血。

　　目前丛书出版的是项目组 2008 年的研究成果，期待丛书的出版能对推进特级教师研究有所帮助，能对广大教师的专业成长有所帮助。

责任编辑　谭文明

责任校对　刘永玲

责任印制　曲凤玲

图书在版编目(CIP)数据

崔琪:用语文锤炼学生的思维品质/黄华,王永红著.
北京:教育科学出版社,2009.11(2012.11重印)
(特级教师研究书系/吴松元,鱼霞主编)
ISBN 978 - 7 - 5041 - 4753 - 0

Ⅰ.崔…　Ⅱ.①黄…②王…　Ⅲ.①崔琪 - 生平事迹②语
文课 - 教学研究 - 高中　Ⅳ.K825.46　G633.302 - 53

中国版本图书馆 CIP 数据核字(2009)第 175288 号

出版发行	**教育科学出版社**			
社　　址	北京·朝阳区安慧北里安园甲 9 号	市场部电话	010 - 64989009	
邮　　编	100101	编辑部电话	010 - 64981277	
传　　真	010 - 64891796	网　　址	http://www.esph.com.cn	
经　　销	各地新华书店			
制　　作	北京意空间工作室			
印　　刷	保定市中画美凯印刷有限公司	版　　次	2009 年 11 月第 1 版	
开　　本	169 毫米×239 毫米　16 开	印　　次	2012 年 11 月第 3 次印刷	
印　　张	12.75	印　　数	4 001—6 000 册	
字　　数	192 千	定　　价	25.00 元	

如有印装质量问题,请到所购图书销售部门联系调换。